JN008836

# サヨナラどーだ！の雑魚釣り隊

2

# さらば荒波、熱風、雑魚釣り隊

年齢も仕事もまちまちの、さらにいえば「人生の目的」みたいなものもさまざまな三十人ほどの男たちが十八年近く継続してテントをかついで海のそばに集まってきて、そのつど数日間の共同生活をしてきた。

そこでやるべきは決まっていて「釣り」である。月一回のペースだが、新型コロナウイルスが流行する前までやすむことなく続けてきた。

そうなのだった。さっき、みんなバラバラである、というようなことを書いたが、共通しているのが魚を釣ることなのだった。

自分のやりたい方法で自分なりの実力でなんとか狙った魚を釣る。釣れた魚はその夜のキャンプのとき全員の酒の肴になる、という自主的な「産地直送」をやっていた。

あっ、忘れていた。そういうことと同じくらい大事なのは毎晩みんな集まってカンパイすることであった。

みんな魚を釣るのも食うのも好きだ。アジとかサンマみたいな顔をしてなんでも釣ってなんでもたちまち捌いてしまう。

当然まずは刺し身だ。

最近ではけっこう立派な「握り鮨」をつくってくれるやつが出てきた。

焼き魚、煮魚の制作管理に燃えているものもいる。ビール、日本酒、ワイン、ウイスキーなどの調達、およびビールをキンキンに冷やしておくことにすべてをかける熱血キンキン野郎もいる。そうかと思うと食って飲むほうにだけ人生をかけているやつもいる。ムードメーカーとしては大切なのだ。みんなが熱心に釣りをしている堤防などにやってきて一人で先に冷たい缶ビールなどを飲みはじめているのもいる。あっ、それはオレのことじゃないか。すまん。あれは迷惑だった。

まあとにかく「雑魚釣り隊」を簡単に説明すると以上のような具合になるのだった。

発端は十八年ほど前、隔週刊誌『つり丸』の編集長・樋口タコの介と、釣り名人のコンちゃんから「話をきいてくれ」という連絡があり、うちの会社の仕事の件だというので釣りにくわしい海仁を連れて指定の帝国ホテルに行った。お互い最初は思いっきり場ちがいなところで顔を合わせたのだった。

かれらは、かつてぼくが隊長をしていた主に無人島に遠征する「あやしい探検隊」のことを知っていて、「またああいうもので、魚釣りの旅をしてみませんか」などと誘惑的なコトを言うのだった。

　ずいぶんイキナリの話だったけれど、面白そうだった。初対面ではあったけれど、すぐに納得した。

　その週のうちにメンバーを集め、雑魚釣り隊が結成され、まずは居酒屋での出発進行乾杯となった。

　連載開始の第一回は伊豆大島のメメズ浜というところになった。テントかついでそこに行く。創設メンバーは十人もいなかったが、みんな釣りが好きだった。古い友人が集まっていたわけだったけれど、かれらがそんなに釣りが好きだったとは知らなかった。聞けばみんな小学生の頃から水たまりをみつけては竿を出し、手網でかきまわしていたクチなのだった。

　メメズ浜は浜といいつつ高い崖の上から竿を出すので我々はすっかり慌ててしまい、結局何も釣れなかった。

　メメズ浜は小さな湾のようになっていて、崖にかこまれている。そこでいろんなやりとりをしているときに誰かがうっかり置き竿を落としてしまった。どうする、どうすっか！　なんてやっているうちに湾のまんなかへんから海の女王さまみたいな人がボワーンと浮かびあがってきて片手に竿、片手に壺のようなものを持っている。

「どっちがほしいのかえ」

　などと聞くのですっかり焦り、自分が海に落ちそうになってしまった。あまりにも何も釣れなかったので退屈になったぼくは白昼夢を見ていたようだ。だから竿の次には自分が崖から落下していてもおかしくはなかったのだった。

それが、やがて長い連載になるこのシリーズの第一回目の遠征なのだった。

それから巡業のようにしていろんなところへ行った。隊員はどんどん増えていき、いつの間にか三十人ほどになっていた。様々な場所、様々な釣り条件があってそれらに対応し、経験をつんでいくとやがて確実に獲物をモノにできるようになった。

たくさん釣れるのは海に囲まれた「島」がいちばん確実だった。魚は海流や潮に乗ってくる。それを狙うのが海釣りの特徴だ。

新島ではサバが釣り放題で、おれたちは喜びにわななき、堤防の上でいつまでも大漁節を歌い踊りまくり、全員アタマがパーになってしまったような気がした。

外国遠征にもいろいろ挑戦した。

台湾では大きな家を借りて二週間の合宿をした。そのときわが隊はマグロを釣ったのだった。その夜から二十人がマグロの赤身、中トロ、大トロの食い放題だった。

これらのエピソードはすべてこのシリーズに収録されている。

思えばここちのいいことばかりやらせてもらってきた。

最後のキャンプはよく行っていた八丈島になった。我々を育ててくれた島へのお礼、という意味もあった。

## 6

最後の釣りもうまくいった。みんなキッパリと自分の世界を築きあげていることがよくわかった。

その夜の乾杯はキャンプ場の炊事場でやった。これまであちこちのキャンプで酔って歌っていたなじみの歌を青少年時代にもどった気分で手拍子つけて大きい声で合唱した。

明日からはそれぞれ自分のめざす世界にむかっていく、ということがよくわかった。

野外炊事場にはランプがいくつかぶらさがっていて雨まじりの夜風に揺れていた。村の卒業式みたいだった。

ぼくは妙にノスタルジックになっていて、ひときわ暗いところに座っていたこともあってか、合唱を聞きながら涙が流れてならなかった。

みんなありがとう。おもしろかったよなあ。

雑魚釣り隊　隊長　椎名誠

# サヨナラどーだ！の雑魚釣り隊

目次

さらば荒波、熱風、雑魚釣り隊——2
登場する人々——11
森のなかのニジマス大漁——15
南紀で近大マグロのお勉強——27
房総大荒れフグ、ゲロ大勝負——40
宮古島　源平なんでも合戦（上）——53
宮古島　源平なんでも合戦（下）——66
房総「チンピラゴンズイ」とのタタカイ——80
相模湾、マサバ・ゴマサバぶんどり作戦——93
トウゴロウイワシとともに南に去った男——105

ハリセンボンの怒りおさまらず——117
伊豆大島、タイ風カレーのしあわせ——129
本場のカツオのタタキに息もたえだえ——141
なんでかねぇと沖縄に——153
やけくそのイカダ釣り——166
コロナに追われた先に大ザメが待っていた（上）——180
コロナに追われた先に大ザメが待っていた（下）——192
雑魚釣り隊はコロナを食い倒したる——205
ここはもしかするとエーゲ海!?——217
あつを君、男涙のタイ釣り作戦——230

小樽で赤ワインがぶがぶだあ――244
石狩湾に攻めこんで五種二百匹――257
超Ａ級のりまき大作戦――270
寒風イカタコくねくね合戦――283
海の男が作る酒の肴大会――296
肉食スズキを追え！　決死の包囲網――310
雑魚釣り隊の台所を守るパタパタママの巻――322
熟練のゲロまき突撃隊――334
さらば、雑魚釣り隊。武装カンパチ八丈島突撃乱入――348

# 登場する人々

## いつものメンバー

### 西澤亨

傍若無人の暴れ者で「平塚の不発弾」「森の西松」「若頭」などの異名をとる。長年副隊長として隊を引っ張ってきたが沖縄に移住する。

### マキエイ

河内牧栄。アラスカ在住。雑魚釣り隊参加のために年に数回わざわざアラスカから帰ってくる。髭とタンクトップがトレードマーク。

### 名嘉元三治

沖縄出身。雑魚釣り隊のタマリ場である新宿三丁目の居酒屋『海森』店主。「サビキのナカモト」「置き竿のミツジ」と名乗っている。

### 隊長・椎名誠

第一次『わしらは怪しい探険隊』（角川文庫）からアキもせずずっと同じようなことをしている。ビールと焚き火と堤防昼寝が人生だ。

### 岡本宏之

雑魚釣り隊釣り部部長。アタリが全然無くても笑顔でルアーを投げ続ける強い精神力を持つゆえに「ヘンタイ部長」と呼ばれている。

### 海仁

齋藤海仁。雑魚釣り隊のエース。大学院では役に立つかわからないウニ・ホヤ・ヒトデ研究をしていた。天敵はニンニク、好物は白湯。

### ヒロシ

齋藤浩。別名「一升チャーハンのヒロシ」。常に自分の釣果を大声で主張して走り回っていたが、イクメン化してからはおとなしい。

### 三嶋克也

長身細身。酒は飲めずコーラばかり飲んでいるが、大酒飲みばかりの隊ではドライバー、深夜の買い出し担当として頼りにされている。

### 香山イテコマシタロカ君

本名「光」。コテコテの関西人。大手出版社に勤めており雑魚釣り隊で一番忙しい男と言われている。天野と並びデカバラ番付は横綱。

### コンちゃん

近藤加津哉。雑魚釣り隊発足から七年間、よろず世話人として隊を支えた。釣りはなんでもうまい万能派。特にイカ釣りの腕はプロ級。

### みっちゃん

川野充信。自己紹介で「さんぼんがわに～のはらの～」と言うため、通称さんぼんがわ。全身痛風男でいつも体のどこかが腫れている。

### ヤブちゃん

薮内辰哉。関西ドレイ組リーダーで特殊ブラシの工場を経営している。いつもキャンプに大量のスナック菓子と歯ブラシを持ってくる。

**ベンゴシ**

田中慎也。正真正銘本当の弁護士だが、いつも新宿で飲んだくれて酔っ払っているため、誰も信用せずカタカナの「ベンゴシ」が通称。

**ザコ**

小迫剛。毎回、超絶美味料理を繰り出す雑魚釣り隊料理長。プロミュージシャンでもあり、雑魚釣り隊のテーマソングも作ってくれた。

**天野哲也**

体重百二十五キロ超級。ご飯は常にまんが盛り。巨体に似合わず電子プログラマー。最近、食べ物の宅配サービスにハマってさらに太った。

**タカ**

平石貴寛。アメリカのワシントンDCからやって来るドレイ。よく新宿で飲んでいるため本当は岐阜県あたりに住んでいるとの噂あり。

**トオル**

大八木亨。新宿で予約困難な人気ビストロを経営。どんな食材も彼にかかれば一瞬でバカ旨料理に。釣れないときのマグロ仕入れ担当。

**似田貝大介**

通称「しろめしおかわりくん」。とにかく白いご飯が大好きで、いつでもどこでもご飯のことしか考えていない。天野のライバル。

**太陽**

橋口太陽。長崎のバカ兄弟の兄。雑魚釣り隊初の人事異動によりドレイから一般隊員に昇格した心優しき若手リーダー格。フグ釣り命。

**あつを**

大原忠。神戸出身。精密機器メーカーの営業マンをやっておりいつも車を運転しているため、隊でも運転担当に。無類の麺好き。

**ウッチー**

内海裕之。カメラマンで集合写真を一発で撮影する特技を持つ。クルマの運転、力仕事、大食いどれも得意だが船に乗るのは苦手。

**ドウム**

橋口童夢。長崎のバカ兄弟の弟でドレイ歴が最も長いドレイの中のドレイ。筋金入りのドレイだけに一般隊員への昇格予定はまだない。

**おかしら竹田**

竹田聡一郎。雑魚釣り隊のドレイをまとめる「ドレイ頭」。口は悪いが根はいい奴。スポーツライターとして世界中を飛び回っている。

**ケンタロウ**

新里健太郎。『週刊ポスト』の編集者で現よろず世話人。釣り部部員でもあり、暇さえあれば海に出ている。隊では主に魚捌き担当。

**山崎貴之**
KADOKAWAの編集者。元走り幅跳び選手で運動神経抜群。堤防釣り、船釣り、料理などにもセンスを感じさせる万能型のドレイ。

**ショカツ**
庄野宣行。徳島生まれ。いつでもどこでも阿波踊りを踊っている。起業して関西へ引っ越したが、毎回、夜行バスに乗ってやってくる。

**デン**
加藤寛康。隊長がアイスランドを旅した際にスカウトしてきた若手ドレイ。その時は電通に勤めていたため「デン」と呼ばれている。

**ヨシキ**
小海途良幹。名字は「こがいと」と読む。はんなり言葉を喋り雑魚釣り隊の玉三郎と呼ばれている。本職はスポーツ新聞のカメラマン。

**りょーすけ**
今井竜介。小笠原諸島の父島出身。高校進学とともに本土に渡る。北海道の一流鮨屋などで修業した後、「フリーの寿司職人」となる。

**京セラ**
加藤潤也。釣りとカメラ大好きな皿洗い担当。デンと同じ「加藤」だが、こちらは京セラに勤めていたため「京セラ」と呼ばれている。

**宍戸健司**
数々の伝説に彩られた出版社役員。釣りもバクチも勝負強く、いつも土壇場で大物を釣り上げる。油モノ好きで「アブラ人」の異名あり。

**土屋和夫**
元大手出版社小説誌編集長。神出鬼没な上、キャンプに来ても船に乗っても常に本を読んでいる。謎が多く「仙人」と呼ばれている。

客人待遇

**太田トクヤ**
新宿居酒屋の立志伝中の人物。新宿三丁目の「池林房」ではいつも誰かしら隊員が酔い潰れている。椎名とはライバルであり朋友。

新人ドレイ

**西澤快**
西澤亨の息子。暴れ者だった父親を反面教師に育ったためか、性格温厚で仕事の覚えも早く既に父親以上の存在感を放つ最年少ドレイ。

装画／沢野ひとし
装丁／bookwall

# 森のなかのニジマス大漁

## 謎の毒液流出事件

街行く人もいろいろに着ぶくれてきた頃、スケジュールを見ると十一月のおわりにおれは愛知県の豊田市で仕事がある。午前中に行って二時頃にはフリーになれるので、その付近に海とかでっかい水たまりはないかねえ。ケンタロウにそう言った。

能登半島ででっかい釣果を出したおれたちだから、もうあえて場所を選ぶこともない。竿を出せば冬が近付きなにやらメランコリックになってしまった繊細な魚だったらおれたちにも釣れるような気がする。

「愛知県、豊田といったらコンちゃんと天野さんの故郷ですよ。やつらに聞いてみますか」

ケンタロウが言った。

コンちゃんの返事は、「大丈夫、大丈夫。あそこらはおれの人生の庭だったところだから何か釣れるところを探しておくよ。大丈夫、大丈夫」。

　釣り場と獲物とおれらがキャンプできるところの選別はコンちゃんにまかせて、ケンタロウは五、六人のメンバーを集めてひさしぶりに遠征の準備をすることにした。

　真夏の能登半島以来の集団移動だから、慣れているとはいえあらかじめ釣り道具や炊事道具、テント一式を用意するのはけっこう手間がかかる。それらの荷物は新宿三丁目にある我々のアジトの倉庫にそっくり収めてある。

　まずそれらの点検をしておくことになった。こういうときはドレイの出番である。ケンタロウとコンちゃんが全体の監督役になる。

　キャンプの備品や食器、時間を経ても悪くならない調味料、缶ビール、缶詰類、日本酒、ウイスキー、焼酎なんてものが能登半島のキャンプ終了のときにいくつものクーラーボックスやダンボールにどかどかぶち込んである。

　みんなで分担して今回のキャンプで必要なものと不要なものをより分けることになった。

「わっ！　なんだこれは！」

　大きなクーラーボックスを点検していたウッチーが叫んでのけぞった。

　最前からなにか正体不明の異臭がしていたのをみんな気がついていたのだが、何の臭いなのか誰にもわからなかった。その悪臭のもとがウッチーのあけたクーラーボックスだ、ということがわかった。

食料やビールなどぎっしり入っているようなのだが、全体が黒いドブ水のような液体でみたされている。

「これ、全部出したほうがいいです。ビールなんかは洗えばまだ飲めそうですがね」

ウッチーが言った。

「まあそうだろうなあ」

「大丈夫、大丈夫」

などと言って覗きこんだコンは「うぎゃあ」と言ってのけぞり、そのままどこかに逃げていってしまった。

時々こういう怪奇事件がおきる。釣りに一番使うエサのイソメやゴカイなどはミミズにやたら手足をつけたようなのが何匹も絡まっている醜悪なやつらで、以前これをクーラーボックスから出し忘れて全体が複合腐敗して、やはり「うぎゃあ」的物体と化していたこともある。

勇敢なウッチーは正体をさぐるべく黒い腐敗物体の元をあっちこっち探ったが、どうしても一番の元凶となった物体がわからない。缶ビールなどにも臭いが移り水道で洗ってどうにかなる、というレベルではなく、かき回しているうちにさらに悪臭は拡散していき、隣近所が騒ぎ出しそうな状況になってきた。

備品管理のリーダーをしているケンタロウはもうそれらはどうやっても臭気はとれないだろう、と判断し、やむなく全部廃棄、という処置になった。それらの廃液を捨てるのもまたひと苦労だったが、それでは話はなかなか進まない。

## ふるさとの太細コンビ

遠征当日、仕事で豊田市にいるおれをクルマで迎えにきてくれたのは故郷に帰ったコンちゃんと天野だった。目的地までは一山か三山越えていくそうだが、大学まで同じだった二人には山奥に入っていく道のりも十分楽しい思い出の地で、そんな二人の昔ばなしを聞くのはなかなか楽しそうだ。

今は海釣り専門になっているが子供の頃のコンちゃんはもっぱら近くの小川やため池に行ってフナやコイを釣っていたという。父親は息子が釣り好きになっていくのが嬉しかったらしく、いろんな魚の図鑑などを買ってきてくれた。コン少年はニジマス（レインボートラウト）など図鑑の中の淡水魚の美しさに目をうばわれ、大きくなったらこういうのを釣るんだ！　と目を輝かせ東の空をシッカと見つめていたという。

目的地まで二時間近くかかるのだが、豊田市を走っているあいだすれ違うクルマがみんなトヨタなのに驚いた。まあ企業城下町というのはこういうもんなのだろうな、とコンちゃんの昔ばなしを聞きながらつくづく感心していた。

やがて少し大きくなったコンちゃんは、父親に連れられてクルマで一時間はかかる三河湾の堤防釣り、佐久島のキャンプなどに連れていってもらい、徐々に海のでっかい魚に目覚めていったらしい。

時々運転を変わる天野は巨漢である。堂々たる横綱体型。それとくらべるとコンはいかにも細っこいが一般的にみれば普通体型だ。

コンちゃんに聞いたような話を天野に求めると、

「やっぱりうまいのは大きい魚ですね。タイとかカツオ。いっぱい食べられればなんでもいいです。でも本当は魚より肉のほうがいいですね。肉でもニワトリよりブタ、そしてウシ、ということになりますかね。一度二トンはあるというゾウアザラシなんか食ってみたいと思いますね。ヒレのあたりをカタマリで焼いて食ってみたいです」

同じようなところにうまれ同じ大学にいったのに話はコンとまるで違う。ちなみに天野はコンピューターの達人で、仕事はそれ一本でやっており実はなかなか繊細だ。

## 帰ってきたドレイ隊長

東京を早朝に出た本隊は豊田市の野原川観光センターというけっこう規模の大きなキャンプセンターのようなところに昼前に到着していた。いかにも夜にはとことん冷えこみそうな山の中の観光施設だが、ちゃんとした建物の食堂もある。しかしその近辺の宿泊施設はどこも満室で、その日はそれよりさらに山の中のバンガローが寒々と山林の中にあるキャンプ場が、おれたちの泊まるところだった。食事などはいっさい出ないがテントをはる必要がないだけ有り難い。しかし駐車場はだいぶ離れていて荷物はリヤカーで運ばなければならない。

めずらしくドレイ隊長（おかしら竹田）の顔があった。彼はもともとフリーランスの物書きで、これまで主にサッカーを取材していたが、なにがきっかけなのか十年ほど前からカーリングの取材を続けている。平昌五輪をきっかけにどんどんそっちのほうのライターとして頭角をあらわし、世界各国カーリングが行われているところにどんどん行って記事にしており、いまやカーリング界の売れっ子ライターナンバーワンになっているようだ。もっとも奴以外にカーリングライターが何人いるのかわからないのだが。

世界のあっちこっち股旅暮らしで、この雑魚釣り隊に参加したのは半年ぶりのようだった。いま雑魚釣り隊のレギュラーは三十人ほどいて、そのうち十五人ぐらいがドレイである。竹田はそのドレイ部隊のお頭《かしら》だ。これだけ長くヨソに行っていて帰ってきたときにほかのもっと有力なメンバーが彼の座を奪っていてもおかしくないと思うのだが、サッカーをやっていた竹田はとにかく体が大きく、キック力がある。酒を飲めばえばりまくり、乱暴者のイメージが強いのでなかなかドレイの反乱はおきないようなのだ。

その日はニジマス釣りだったが、竹田は林の中を流れる渓流のよさげな釣り場所を見つけるとそこにどっかとあぐらをかき「おーいニジマスどもよ、早くおれのハリにかかれ」などと早速え

釣りやすい橋の上に並んでそれぞれの釣り方でアタリを待つ

ばっていた。仕掛けは竹にイトを結びオモリとハリがついただけのものだった。

この釣り場は野原川の一部を区切って自然の流れの中でニジマスを釣るようになっている。

お金を払えば、上流からおじさんがニジマスを放流してくれる仕組みで、釣り堀と渓流釣りを一緒にしたような形式になっている。

「おい！　ニジマスども、早くこい。さっさとおれのハリにかかれって言ってんだ」

竹田怒鳴る。

「あの、えとえーと。釣るにはですね、エサをつけないと難しいですよ」

ドレイの下っぱの京セラが小さい声でおかしらに言う。

「ええ？　エサなんかいるのかよ。だって上流にいるあのおっさんが魚まくんだろう。それをひっかければいいんだろ」

「でもあの魚、生きていますから。お祭り屋台のプラスチック金魚じゃないんです」

「えっ、エサいるのかよ。何も食わせていないのかと思った。それで、腹へっておれらのハリに食いつきまくるのかと」

「でも簡単です。ここに入っているイクラをつけるだけです」

　京セラがエサの入った小箱を竹田にわたす。

「イクラがエサなのか？　贅沢なやっちゃなあ、こいつら」

　その近くにいた三本川が「ニジマスをイクラで釣るなんて、なんかタマゴでニワトリ釣るみたいやなあ」

「それ言うんやったらタラコでタラ釣るほうがそれっぽいやん」と、関西勢のリーダーであるヤブちゃん。

「いいやカズノコでニシンでしょ」とショカツ。

「三本川さんが釣るのはスナックのおばさんですよね。五千円札ヒラヒラさせて」

　ドレイの京セラも近頃いろいろ言うようになった。

「流れが早いところは特に上流のほうに魚が口むけてるイメージですよね。逆だとニジマスもエサくうのにいちいちふりむかなけりゃならないから苦労するでしょう」

　この頃、何をやらせてもトップクラスの成績を残す太陽がなかなか科学的なことを言った。ニジマスがふりむくところを一度見てみたい。

流れがないところは水が透明で、魚が群れているまん中へんにポチャリとエサを落とすとわりあい簡単にかかるらしい。

料理長のトオルは仕掛けをわざと短くして常にイトを張りながら流していく。その途中でイトがとまった瞬間に「来た！」とアワセて何匹も釣っている。

それを「うまいですねえ」と見ているショカツは逆にイトをたるませながら底のあたりをエサが流れるように工夫している。ニジマスのアタリがわかる人は魚の口にきっちりハリがかかるのだが、アタリに気がつくのが遅れたり、アワセができないとハリまで呑み込んでしまいハリをはずすのがたいへん面倒くさい。

大騒ぎしながらたくさん釣っている竹田はいちばんハリを呑み込まれてしまうので、「こらニジマス、無闇に呑み込むな」とニジマスに怒り、まわりにいるドレイに「おいハリはずせ」と命じる大バカモンの釣りをやっている。

で、あたりが寒くなってくる頃五十三匹の釣果でおわりになった。そのうち半分は竹田が釣ったらしい。うるさいだけじゃなかったんだ。

## 森のなかの元気宴会

コンちゃんと天野は川辺の石に座ってまだ話のつづきだ。

「コンちゃん、ニジマスってどうやって食ったらうまいの？」

「そりゃ串刺しして塩焼きでしょう。今日はトオルがいるからバッチリじゃない」

「そうか。塩焼きかあ。トオルは後でスーパー行ったとき、ついでに肉も買ってきてくれないかなあ」

「なんのついでだよ」

「トオルは他にも色々作ってくれるだろう。ニジマスでパエリアってできる？」

「できないでしょ」

「スペインなら生ハムもうまいよね。ケンタロウ生ハムを買ってきてくれないかなあ」

最近つくづく雑魚釣り隊も成長したなあ、と思うのは自分たちが釣ってきた獲物をみごとにテキパキと下ごしらえから料理までやってしまうことだ。

宿泊するキャンプ場に着いた隊員たちは、トオルの指導のもと、太陽、京セラ、ケンタロウの三人でニジマスの腹をとっとと開き、トオルとショカツが数本ずつまとめて串に刺していく。串の刺し方にもコツがあるそうで尻尾のほうから縫い刺しにしていく。それから横串をうち扇のようにしてどんどん焼いていく。そのあいまにもおかしら竹田は威張っているだけじゃなく残りの者を指示してバンガローの部屋割りをし、焚き火をおこし野外宴会場を作っている。

その日の朝、トオルが豊洲に寄って巨大なマグロの三キロぐらいのカタマリをどすんと買ってきてくれていた。これでもう何も文句ありません状態だ。

いやはや焼きたて新鮮ニジマスのうまいこと。そこそこ大きなのも頭からばりばり食ってしまうことができる。それでもって冬のビールグビグビだ。

夕刻あたりの頃は森のなかは森閑としてやや陰気なところがあったが、夜の闇になるとあちこちのバンガローの灯がともって賑やかになり、潮騒の音は聞こえないが、森のなかのキャンプもなかなかいいものだった。

天野は故郷に戻って喜びの土俵入り

やるときはやる男・おかしら竹田

自然豊かな愛知の渓流でニジマス釣りに挑戦！

内臓とエラをとったニジマスを丁寧に串に刺していくトオル料理長

見事な扇形にしあげて焼きあげる！　骨酒も寒い夜にはたまりません

焼き上がったニジマスのうまいこと！　隊長もヨロコビ爆発!!

# 南紀で近大マグロのお勉強

## マグロまるかじりのお誘い

「次は連載七十回目ですからサカナ界で自他ともに認める大親分『マグロ』でいこうと思っていますが」

ケンタロウが何か口の中でモグクチャやりながら電話してきた。

その朝、俺は頭の裏側のほうにちょっと鈍痛があり全身がダルかった。

「なんだい？」

「つまりマグロなんですが」

「何、マグロだあ。おめえいま何食ってんだ。今おれはなあ、ちょっと喉や関節周辺に違和感があって全身デリケートなんだ」

「えと、食っているのは味噌カツバーガーにマヨネーズべったり。粉末カラシ全面ちらしに紅シヨーガつきです」

「けったいなもの食ってるなあ」

「ま、聞いてください。これはマグロ食いまくりのお誘いですよ！」

ケンタロウはまだ咀嚼しながら言った。

「えっマグロ食いまくり？　マグロの丸かじりかあ！」

「丸かじりできるかどうかはまだ」

「ま、いい、それならすぐ行こう、今行こう」

ケンタロウのヒトコトでマグロ好きのおれは頭の鈍痛も全身のダルさもどこかへ飛んでいってしまったようだ。

二月の厳寒期は何を狙うのだろう、とぼんやり考えていたらなんとマグロだと。マグロうまいもんなあ。こんないい話はない。しかし、この時期マグロを狙うとしたら相当に荒れている津軽海峡みたいなところへ行かなきゃならないぞ。

「場所は何処だ？」

「和歌山県の近畿大学水産研究所です。美しい串本の海にマグロがいっぱいいるんです」

「ん？」

「ここはシーナさんがまだモノカキのデビュー間もない頃に一度行っていますよ」

「ん？　和歌山でおれ、マグロ釣ったかなあ？」

「いや、そこではマグロは釣ってません。でもマグロはいっぱい食べられます。詳細を言わなきゃわかりませんかね」

「もったいぶるなよ」

けったいなカツバーガーを全部飲み込んだケンタロウはようやく落ちついて説明してくれた。

――近畿大学水産研究所は、戦後間もない一九四八年に和歌山県の白浜に実験場を開設し、その頃から日本の食卓を支える水産資源の研究を進めてきました。最新の設備と先鋭化された養殖技術で、世界で初めてヒラメ、ブリ、カンパチ、ヒラマサ、クロマグロなど十八魚種の人工孵化、種苗生産を実現し、いずれも「おいしい魚」として市場にも出ています。なかでもマグロは近畿大学が完全養殖に成功したので「近大マグロ」と呼ばれて評判です。今回はその現場に行って、我々が日頃お世話になっているオサカナの養殖の実際をしっかり見学しよう、というわけです。

「えっ、じゃあマグロ釣るわけじゃないんだ」

「二百キロとかになるクロマグロですよ。シロウトが陸から釣れるわけないじゃないですか。たまには謙虚かつ科学的に、そしてグローバルに海洋生物の生態とそれに取り組む海洋学者に学び、なかんずく今後いっそう海とその生物への理解を深めるというアカデミカルな体験にいまこそ挑むというのはなんと有意義なことでしょうか」

ケンタロウの口調がしだいに変わってきた。どうやら手元にあるパンフレットか何かを見て喋っているらしい。

「では、早速現地に行って近大マグロをたらふく食って、キミの言うように海とその生物への理解を深めようじゃないか」

おれは力をこめて言った。

ん？　しかし力をこめると、こころなしか体のフシブシがやっぱりキコキコ痛い。なんだこれは。出発は明後日だというのに。

## 竹田が馬乗りになりやがって

その次の晩、よく寝て体力をつけておくために睡眠時間を早めて床に入った。念のため睡眠導入剤も飲んだ。なんだか知らないが竹田の海賊顔が闇間にチラリと浮かんだ。

真夜中、なんともいえない辛い状態で目が醒めた。なんだかわからないけれどおれはドレイ船の中にころがっているのだ。揺れる体は運動会なんかで使う重いマットにくるまれてその上に竹田が馬乗りになっていやがる。悪寒が走る。全身の関節がキコキコ本格的に痛い。

「おーし、マグロ死ぬまで食うぞう！」と竹田のバカが叫んでいる。

これはもしかすると噂にきく我が人生初のインフルエンザというやつなのかな。くるまれた布団からなんとか這いだして起き上がると頭がキュウィーインと痛い。ヨタヨタと家庭医薬品の入っている箱から体温計を出して測ると三十八・五度ぐらいだった。久しぶりの熱だ。歳とってからの三十九度近くは辛い。明日のことを思いうかべる。マグロだ！　マグロが飛んでいる。ああしかしそのマグロがだんだん遠くなる。

頼りにした薬は全然効かず、翌朝まだ三十九度から四十度の間だった。むかしは熱が出てもアレは一夜の悪夢だったんだな、というくらい回復する体力があったのだが、今は人生の全てを布団の温もりの中にそのまま預けたい。辛うじてケンタロウに電話して事情を伝えた。

「だめだ。おれは行けない。おれも弱くなった。先方の所長さんにお詫びしておいてほしい」

そう言ってコトきれた。おれの頭の中の黒い妄想は夜の海みたいなところを浮遊しているように見える。妻に来てもらい汗だらけのパジャマを着替え、節々に鎮静剤を塗布してまた倒れた。マグロよ、早く助けにきてほしい。

## 遠いむかしの五月の風

おれは布団の中で冥界をさまよっていた。雑魚釣り隊メンバー、西澤、岡本、コンちゃん、ヤブ、竹田、太陽、童夢、ウッチー、ショカツ、ケンタロウの十人は南紀白浜空港に集まっているらしい。東京とは全然違う暖かくて明るい陽光の中にいるのだ。チクショウ。その気配は、遠いわが記憶の中でさらさらの涼風となって踊るように笑うように流れている。風の中の空気の粒子が陽光に反射してそのひとつひとつが光っている。

おれは海水パンツひとつで南紀の串本グランドホテルから飛び出て美しい波打ち際を毎日走っていた。他の人の姿はあまりなく、ときおり視界のすみにたゆたう白いものはいましがた脱ぎ捨てられた羽衣だろうか。

チクショウ。あの薫風かおる中に場違いも甚だしい雑魚釣り隊のバカタレどもが今いるのだ。やつらは今し方まで道の駅で「エビとカニの水族館」などというところを見物し「わあ、カニさんだ。エビさんもいるう」などと幼児声を出し、みんなで両手をチョキチョキしながら出てきたところらしい。

彼らはその足で串本にむかい、あらかじめ関西勢のリーダー、ヤブちゃんが見つけておいたカツオ茶漬けの店に入った。こういう店に入ると、逆上した全員があれだコレダと勝手に注文して余計な時間がかかるのをよく知っていたから、おれは隊長命令で「ラーメンとギョウザ十人前。以上です！」と注文するようにしていた。だからこの日もヤブちゃんは「カツオ茶漬けセット十人分、以上！」と簡潔に注文したらしい。よしよし。ああ。だけどオレもそれ食いたいなあ。そういって東京の寒空の下で切《せっ》歯《し》扼《やく》腕《わん》する。

この店に入った頃、おれは現地からのケンタロウの報告を聞いていた。全員が同じものを注文したと聞いて安心する。

「でも茶漬けだけでは文句も出そうなので、カツオ入りの卵かけご飯というのをさらに食べています。そうしないと暴れる奴が出そうです」

ケンタロウがヒソヒソ言う。
「まあ仕方ないな。ただしおかわりなしだぞ。おれなんかオカカお粥だけなんだかんな」

## 二百二十キロのマグロを育てる

串本の近畿大学水産研究所大島実験場は陸の上の建物も、その眼前の湾内に広がるいくつもの生け簀も美しく、そこでは年産別に養殖魚が育てられている。飼育されているクロマグロは天然ものだと体長三メートル。体重五百キロにまで成長するらしい。マグロの中でもっともおいしいとされており、常に高値で取引されているが乱獲で近年は減少している。

近大はこの問題の解決方法として、一九七〇年にクロマグロの完全養殖に着手、三十二年後の二〇〇二年にこの研究を成功させる。これだけ時間がかかったのは、クロマグロの生態がそれまであまり知られていなかったことが主な要因だった。

「完全養殖」とは、人工孵化から育てた親魚が産卵し、その卵をまた人工孵化させ育てるというシステムだ。クロマグロでは、孵化した仔魚をプランクトンをエサにして育て、その後三十日ほどでそれまでの陸上の水槽から海上の生け簀に移す。孵化から約六十日で全長三十センチ、体重百グラムほどに成長し、約三年で全長一・三メートル、体重四十キロほどになる。近大ではこれぐらいの大きさに育ったものを出荷しているという。

隊員たちが最初に見せてもらった生け簀は直径三十メートル、水深十メートル。泳いでいるのは昨年六月に産まれたマグロたちだった。エサのイワシはシャベルで放りこまれる。ここで一番長生きしたマグロは、二十三歳でなんと！二百二十キロに育った。岡田貴彦センター長によると、「今は飼育技術も確立されて十五年で四百三キロというのが最大記録です」。

近大水産研究所では一九六五年から二〇〇〇年までにヒラメ、ヘダイ、イシダイ、ブリ、カンパチ、イシガキダイ、キハダ、ヒラマサ、マルソウダ、ヒラソウダ、ハガツオ、イサキ、シマアジ、シロギス、クロマグロ、クエ、マイワシ、マサバの人工孵化と種苗生産に成功している。

ここまで幅広い魚種をカバーしていると、海陸で希少生物が増えてきている現在、未来の漁業にもいろいろな期待がよせられそうだ。

西澤が聞いた。

「ちょっと失礼かもしれないんですが、近大マグロはどのくらいの値段で出荷しているんですか？」

すると雑魚釣り隊で魚と漁に一番くわしいコンちゃんが唐突に言った。

「オレの予想はキロ五千円」

「今はそんなにしないですね。昭和の終わり頃から平成十年くらいまでは高くてキロ一万円くらいしました」

岡田センター長の話を聞いて、竹田が興奮する。「キロ一万！　二つ目の生け簀にいたやつな

「卵から３キロくらいまで育ってくれるのは２パーセントくらい。将来的には10パーセントくらいにはしたい」という岡田センター長の説明を真剣に聞く隊員たち

ら四十万！」

「近大マグロの流通はどうなっているんですか。今後についても」

　太陽の質問に岡田センター長。

「去年、台風の被害でだいぶ減った（マグロが死んだり逃げたりしてしまった）ので、今は近大が出店した養殖魚専門料理店『近畿大学水産研究所』というお店だけに卸しています。これからの研究課題はやっぱりウナギですね」

「ウナギは絶滅の危機などとショックなことを聞きますからね」とケンタロウ。

「研究はだいぶ前からしているんですが、なかなか受精卵がとれなくて難しいんです。実は完全養殖自体は国の研究機関で成功しているんですが、量産がきかないんです。これからなんとかしたいですね」

## マグロの勢ぞろい

夕方六時。串本の「松すし」でいよいよ近大マグロの試食。マグロのほかにやはり近大が養殖しているシマアジとキンダイ（イシダイの雌とイシガキダイの雄を交雑させた魚）が卓上に並んだ。さっきまで生け簀の中で鋭く存在感に満ちていた海の王者が大トロ身、中トロ身、赤身に美しく輝きながら隊員たちをお迎えしてくれた――と、これはケンタロウの現場からのメール報告だが、おれはいったん少し下がりはじめてやれやれと思った熱が夕刻近くから復活しはじめ、トロ熱を経由してじわじわ赤身熱方向に上がりはじめている。

ケンタロウは「天然のものよりも光沢が見事でいかにもうまそうです。お熱はいかがでしょうか。せめてヒトキレでも食べていただければと切に希望しております」などと、宮内庁でかたられるようなオコトバを書いている。うまそうなのを前にして逆上しているのだ。

この席には岡田センター長さんはじめ、近大の世耕石弘総務部長さん、白浜実験場の菅家俊一さんも同席していただき、最前から続くマグロ談義に花が咲いていたが、雑魚釣り隊はよほどその夜のマグロに感動したらしく、さらにこみいった「マグロ問題」に突入していったようだ。

結論的にその場にいた近大マグロへの数人の感嘆符を列記していこう。

童夢＝いままで食べたどのマグロよりもうまくてうまくて、ずっとその店に住み着きたかったです。

ウッチー＝「あまい」という食感でしょうか。いろんな階調のトロトロが口のなかで踊っていました。涙が出ました。

ヤブ＝近大マグロは全身トロと聞いていましたがそんなことはなく、赤身、中トロ、大トロの三つがうまく境界を持ってとろけあっていました。

ショカツ＝あまりのうまさに今にも手足が勝手に動いて阿波踊りしそうでこまりました。

こいつらの「うまくてうまくて今にもバクハツしそう」という感想がひっきりなしにメールで入ってくる。おれの熱はついに三十九度をこえた。ぬあーにが中トロだああ。

朦《もう》朧《ろう》としつつも三十七年前の串本グランドホテルで作家になってはじめて原稿書きの一人カンヅメ生活をしていた頃が茫洋と頭に浮かんでいた。予定していた原稿はちっとも書けず、めしは省力化の手抜き。客は全員ホールの中央にテーブルを寄せあっていた。シーズンオフに行ったので客はカップル二～三組と、何でそこに座っているかわからないいつもコキザミに全身をフルわせている老人が一人。それにおれだ。

与えられたレトルト食品みたいなのを食っているとステージ上ではフィリピン人一座によるバンブーダンスが行われる。客席の二～三組のカップルは二日ぐらいで入れ替わるが、何でいるのかわからないフルエルじいさんとおれは毎日かわらない。ステージ上のバンブーダンスも毎晩かわらない。きっとホテルが一カ月ぐらい契約していたのだろう。

ステージの上のフィリピンショーの人数のほうがだんぜん多くお馴染みのバンブーショウもすっかり覚えてしまった。めしのおかずは毎日同じで必ずまずかったなあ。

カップルの客たちは二人ずつ見つめあい愛を確かめあっているからいいが、ぼくとフルエルじいさんは毎日同じステージをぼんやり無気力に見ている。必ず途中で歌姫がステージを降りてきて客を見つめながらうっとり歌う。カップルたちは恋人同士を見つめあっているからいいが、ぼくとフルエルじいさんはそうもいかない。目立つから逃げることもできないし。歌いあげる歌姫はその歌詞のさいごのほうで「あああチンタマアあああ」とくりかえす。あのチンタマアじゃなくてフィリピン語のなにかのセリフなのだろう。でも確かに「あああチンタマアあああ」と聞こえるのだ。

記憶の中の苦しみの串本のそのホテルのあたりはいままさにやつらがいるところだ。近大マグロを食って飲めや歌えやしているのだ。

数日後。ぼくは快復し、銀座にある「近畿大学水産研究所」で雑魚釣り隊の一部の連中とその近大マグロをやっと食った。万感こめてうまかった。とくに中トロがフルエルほどの絶品でしたなあ。

「マグロのお勉強」をしに、和歌山県の近畿大学水産研究所にやってきた。ここにはかつて200キロを超える大物もいたのだとか

船で向かった「フロート支持枠方式」の生け簀の中には40キロ超のマグロたちが。90パーセント以上の群れは反時計回りに泳ぎ、一生回る方向は変わらないという

待ちに待った「近大マグロ宴会」。近大で育った魚は「卒業証書」がついて出荷される。マグロ以外のシマアジ、キンダイも歯ごたえばっちりで美味だ

# 房総大荒れフグ、ゲロ大勝負

## 北風びゅうびゅうフグ釣り日和

二月はわしらにとって悩ましいときだ。

もう十五年近く毎月なにかを釣りに出ているのだが、当然ながら海も冬だからよほど運に恵まれないと荒れている。でもって北風ぴゅうぴゅうときているから堤防から竿を出しても魚は海の底のほうに集まり、上眼づかいにバーカなどと言って姿を見せない。したがってこの季節、比較的釣果が期待できる魚は限られてくる。

わりあい友好的なのはフグである。

おれたちはこれまで二回、寒風ついてフグ釣りに出船した。でもって狙いの「ショウサイフグ」をちゃんと釣って、ちゃんと盛大なフグ宴会をしてきた。ショウサイフグはこの時期おれたちが狙える数少ない獲物だ。しかもトラフグみたいにめったに釣れないやつじゃなく、こいつにくわしい船長とその釣り船を確保できればなんとかなる。

　雑魚釣り隊の多くはそれなりに釣果を出しているけれど、まだ一度もフグ釣りに参加したことがないドレイ頭《がしら》の竹田が、一月の真冬のさなかにいきなり「おれにもフグを釣らせろ」と叫びだした。理由は不明だ。竹田は叫ぶ。

「みんなあ！　冬のフグはうまいぞうまいぞたまらねーぞうーと大声で言っているのをおれはこれまで黙って静かに聞いていた幾年月だったんだ。喜びも悲しみも幾年月だったんだ。チクショウ。ふざけるな。なめんじゃねーぞ」

　誰にむかって言っているのかよく分からなかったけれど、そう言って竹田はいきなり怒りだしたのだった。こいつは実はバカじゃないのか。

「フグは港からそこそこ沖に出ないと釣れないんだよ。それに冬の海はたいてい荒れる。コッパ漁船なんか縦に後ろに右に左に荒波に翻弄される。船酔いする体質の人にはただもうひたすら辛い状況が待っている可能性が高い。それでキミはこれまでこの釣りを避けていたんじゃないのかい」

　どんな釣りにも対応してきた冷静な海仁が駄々っ子を見る目つきでそう言った。

「おお、確かにおれは船酔いするぜ。それがどーした。死ぬわけじゃねーだろ。おれだって雑魚釣り隊に加わって十余年。それなりにいろいろ体験し学んできたんだ。簡単になめんなよ。船酔いごときに怯んでいた時代はとうにすぎたんだよ。コノヤロウ！　早くフグ釣り船に乗せろってんだ！」

彼女にフラレでもしたのか、その頃の竹田は妙に無意味に荒れていた。

「奴の夢を叶えてやろうじゃないか。ここまで荒れて言うんだからとことんまでゲロを吐いてみたいんだろうから」

常に大物を釣りあげるヒットマンの宍戸が自身大物の貫禄で言った。

「おう。おもいきりゲロを吐かせてくれってんだ！」

ここまで荒れているともうしょうがない。みんなが揃う日は三日後だ。天気予報はあまりよくないけれど、ゲロを吐くにはもってこいの気圧配置だ。

## 死屍累々

映画に例えるとここでいきなり場面は変わる。荒れ狂う波濤《はとう》がかさなってやってくる真冬の黎明期の海をギタギタガクガク四方八方に揉まれながら進んでいくあぶなっかしい釣り船のシーンになる。

雨が降っていて風は横殴りだ。雨としぶきが一緒にたたきつけてくる。船室に雑魚釣り隊のゲロ吐き人がおりかさなって早くもムシの息だ。

ころがっているのは竹田、あつを、ショカツだ。荒天に慣れている海仁、太陽、コン、ザコ、童夢、宍戸、ケンタロウらは船室の後部、戸があいたままのところで横殴りの風雨を避けて片手か片足で船のどこかを支えにして左右、前後、上下の揺れに耐えている。そうでもしてないとちょっとしたかげんでころがってしまうのだ。

早くも死体と化した三人のうち、ショカツがさきほどからちょっとだけ生き返り「ウゲッウグッ」などとうめいている。聞きつけたコンがエンジン音にまけないような声で叫ぶ。

「こら！　ショカツ！　そこで吐くな！　吐いたらお前の胃液や胃の中の半分腐った食い物の匂いなんかが船室に充満して連鎖的にみんな吐きだす。おれたちだって何時どんなきっかけでゲロ化するかわからないんだからな。この狭い船室で十人がところかまわず吐きだしたら釣りの前に全員ゲロ死だ」

ショカツがゾンビのようにのろのろふらふらしながら四つん這いで船室の出口のほうに移動する。

近くにいた先輩たちがショカツを順ぐりに甲板のほうに送り出す。

それから船べりに摑《つか》まらせ、三人でショカツのライフジャケットや防水服のはしっこなどを摑んで転落しないように確保する。

「さあ吐け。吐いちまえ。全部吐くんだ」

まるでテレビで見る警察の取り調べ室のようだ。

そう言われてもすぐに吐けるものでもない。しばらく風雨のなかでピクピクしていたショカツは、やがてゴボリと気持ちの悪いものを荒れ狂う波濤にまき散らした。

「ウィップ」

元来船酔いに強かったはずの海仁がそれを見て連鎖的にこみあげてくるものを食道の下のほうに押し戻している。ウィップ……。

「最近、ときどき荒れた海でこうなることが多くなった。歳のせいで内臓のあたりの筋肉機能が衰えているのかな」

半分死体になりかかっていたショカツが真っ青な顔をして船室に戻る。

「これが船酔いれすか。酒の酔いとえろうちゃいますな」

「ばかやろう。早く横たわれ。下向いて寝ると吐ききれなかった残りのゲロが自然に出てきてしまうから、まっすぐ上向いて寝ろ。もし噴水のように吐いたら、自分のゲロにまみれてもう死ね」

宍戸が死者に鞭打つ。

## 房総パーフェクト・ストーム

それにしても長いこといろんな海に出てきた釣り船「敷嶋丸」は強い。

その日、千葉県の多くの釣り船は出航をとりやめたらしいのだが、「まあこのくらいなら大丈夫でしょう。魚はちゃんといるから」と船長は余裕だ。

船長がこのように余裕をもって落ち着いていると、乗っている者の安心感がだいぶちがう。

「みんな船酔いの気配を感じたら無理にでも甲板に出て、遠くの波や空を見たり、深呼吸をしたりすると安定するぞ」

長いこと釣りの仕事をしているコンちゃんが船室の中で言う。釣りの仕事を長いことしているといっても彼は漁師ではなく、海釣りの専門誌の実践ライターだから、いろんな釣りに豊富な知識を持っている。あとでコンちゃんに聞いたのだが、数多くの荒海を体験している彼でも、この日は映画『パーフェクトストーム』のようだった、と語っていた。あの映画は最後には船が巨大な波の壁をのぼりきれず途中であおむけに倒れて転覆してしまう。

雑魚釣り隊の乗った敷嶋丸はとりあえずあおむけにはならず、あおむけになっていたのはゲロ噴水を用心していたショカツだけだった。

四十五分ぐらいで最初の釣り場に着いた。まだ海は荒れているがだいぶ慣れてもきていたので、少しでも動けるものは釣りの支度を始めた。

千葉・大原でのフグ釣りは「カットウ釣り」という。カットウというオモリとハリが一緒になった仕掛けがあり、このハリにエサのアオヤギをたんまりつける。カットウの下にはカエシのないいわゆるギャング針が二本ついており、エサを狙いにきたフグをこのハリにかけるというあくどい釣りなわけだ。

狙うのはショウサイフグとアカメフグ（ヒガンフグ）、そして稀に数キロもするトラフグがかかる。フグたちはとびきりうまいが、シロウトがさばくとキモその他の毒が人を殺す場合がある。激しく波と潮に翻弄される釣り船のあちこちから一斉に竿が出される。しょっちゅうフグ釣りに出ている太陽が「これだけ海が荒れているとフグの繊細なアタリがわかりづらいからタイム釣りにしよう」と言っている。タイム釣りというのはアタリに関係なく一定の間隔で竿をしゃくる釣り方らしい。

ようやくあなぐらから這いだしてきた竹田、あつを、ショカツのゲロ吐き三人組が荒れる海を呆然と見て揃って思考停止している。

目の前の現実を受け入れたくない、という目とタイドだ。

「竹田おかしら。いまおかしらのためにうまいフグを釣りますからね」

太陽が言うと、竹田は、

「いい。いいよ。おれ何も食わない。フグなんていらない。誰がフグ釣りに行こうなんていいだしたんれすか。ウゲッ！」

言いおわってゲロを三発した。つられてあつをやショカツもゲロをする。それから三人でカタマリになりながらまたしても船室の中に消えていった。

## 明暗わけた大物勝負

しかし太陽が言ったようにはなかなかアタリがない。他のみんなもいたずらに竿を上下させているだけだ。

船長はポイントを二度ほど変えた。三度目のときのしょっぱなに「きたあ！」とコンが叫んだ。竿が「満月」のように大きく丸くなる。とてつもない獲物がかかったのだ。

「大物だ。がっちりいけ！　バラスなよ」

まわりの者全員がその竿先を熱い目で見つめている。釣りのプロといっていいコンちゃんは必死だ。しかし、この大物は二分ぐらいでどこかに行ってしまったようだった。

仕掛けをあげてみると、ギャング針もカットウについている丈夫なハリまでもが折られていた。

「今のはたぶんトラフグのそうとうデカい奴だったね」船長が言う。

ガクンと肩を落とすコン。

縁起をかついでか、船長は次のポイントに移動した。

そのポイントで最初にガツンと竿を丸くしたのは海仁だった。今度のも重そうだ。慎重にリールを巻いていく。やがてあがってきたのはそうとう大きなアカメフグだった。

「やった！」

まわりのみんなで喜びあう。

続いて「きたあ！」と叫んだのはケンタロウだった。いい型の本命ショウサイフグだ。こうなるとまわりの連中の竿を握る手に俄然ちからが入る。

「おーし。連チャンだ」と言って、海仁はまたしても大きなアカメフグを引っこ抜いた。

まだ釣っていない奴がいよいよ焦る。何度も仕掛けを祈るようにして投げ入れる。ちょうどいい潮になってきているようで、そのポイントにいるあいだ、他のメンバーにも次々と獲物がかかってきた。

さらにもうひとつ別のポイントでもヒットが続く。まわりの波濤や風はさして変わらないのだが、みんなズブ濡れになっても寒さを感じていないようだった。

どんな釣りでもこの爆釣タイムが全員のアドレナリンを噴出させる。我を忘れる黄金時間だ。

港にもどると調理係になるザコはバラシのザコといわれており、バラシ率で隊のトップをいくが、今回は丁寧に竿をあやつりアカメフグを仕留めていた。

「やったなあ。みんなでこれだけ釣れれば、サイズもいいし今夜のフグ宴会はなんとかなるよ」

ザコの頼もしい意見が出た。

その日の釣果。

コン＝アカメフグ三匹、ショウサイフグ四匹で竿頭（一番釣った人のこと）

海仁＝特大アカメフグ二匹、ショウサイフグ三匹

宍戸＝ショウサイフグ一匹
ザコ＝アカメフグ一匹
太陽＝ショウサイフグ一匹
童夢＝ウマヅラハギ二匹
ケンタロウ＝ショウサイフグ四匹
竹田＝大ゲロ三回、小ゲロ五回（ゲロ頭）
ショカツ＝小ゲロ十二回
あつを＝小ゲロ六回

## 一生熱ソバを食っていたい

正午頃に港に戻った。敷嶋丸の船宿に着くとすぐに船長がフグをさばいてくれた。フグ調理師の免許を持った人がやってくれるのだから、これほど安心なことはない。

その一方で船宿の女将さんが熱いソバをふるまってくれた。

「ああ、もうむちゃくちゃうまいです。天国ですやん。船にいるあいだはほんま地獄でしたわ。僕はもう冬の釣り船には乗りません。絶対に」

と感動と決意のショカツ。

「ああうめえ。これおかわりできますか。船の上で胃のなかのもの全部吐いてしまったので胃がカラッポです。もうフグなんかどうでもいいから、オレはずっとここで来る日も来る日も熱いソバを食い続けたい」

と、竹田。

「ああ、生き返りますわ。船室のなかでは本当は死んでいたのとちがいまっか」

と、あつを。関西人のショカツの隣で死んでいたので、あつをにも悪性関西弁がうつってしまったようだ。

宿に行くと料理長のトオルが到着しており、その隣になぜか三本川（通称みっちゃん）が突っ立っている。

「あれえ？　みっちゃんいつ来たんですか？」

ショカツが聞く。両者は関西三人組の二人だ。

「わしはなあ。実は昨日から東京におったんやで」

「なんで東京に来ているのに船に乗んねえんだよ。フグを食わせないからな」

熱いソバを食ってすっかり元気になった竹田が早くもいつもの調子で威張っている。

「だって海荒れるって聞いてたし、船酔いなんかいややし。揺れてる船に乗ったら持病の痛風が発症して手足痛くなりそうやし」

「それがいい判断だったよ。今日の海は慣れてるオレにもちょっときつかったからね」

と、コンちゃん。

「みんなのためにフグの一匹も釣って貢献したかったんやけどな。乗れんのやったらせめてフグを食べることだけでも力になろうと思って、わざわざ大阪から来たんやで」

「なんとか釣れたけどよ。でもみっちゃんにはおれたちが死にそうになりながら釣ったフグは一匹もやらん」

すぐ豹変する竹田のいびりは続く。

そこにオトナの宍戸がガツンと言った。

「おい竹田。お前は一匹も釣っていないからフグ食いたかったらお前もみっちゃんと一緒に、お願いします、と言わなきゃ駄目だ」

竹田とみっちゃんが「おねがいしますう」と頭を下げる。

その日のフグ宴会は午後五時ぐらいから盛大にはじまり、トオルの作った薄切りフグとカラアゲを、全員だまってふぐに食ってしまったのだった。キマリの表現。

ジェットコースターのように揺れる船上で釣り開始！　海が盛り上がって見える!!

港を出た直後にびしょ濡れになり「もう帰りたい……」とつぶやく竹田

海仁、コンは悪条件の中でもさすがの腕前。良型のアカメフグを釣りあげる

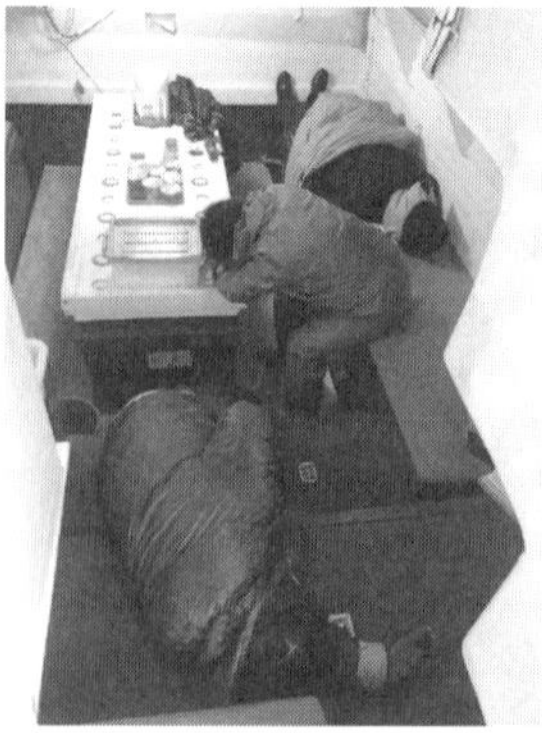

竹田、ショカツ、あつをの3人はずっと船室内でころがっていた。竿を出したのは3人合わせてわずか2分足らず

船宿の温かいソバで笑顔を取り戻したショカツとあつを

「シメキリ」をやっつけた隊長も合流して乾杯！　刺し身とカラアゲにみんな大満足だ

# 宮古島　源平なんでも合戦（上）

## めざせブンガク的釣魚瞑想

二〇一八年から宮古島文学賞というものが始まった。島にゆかりがあり沖縄周辺に住む作家の人々らと一緒にその選考委員を手伝っている。むかしから島が好きで、この「雑魚釣り隊」の前には「あやしい探検隊」という一味をくんでいろんな離島を旅してきた。

そんな背景があったのでこの賞の仕事の依頼があったとき即座に「及ばずながら」とお引き受けした次第。島を舞台にした小説ばかりの賞なんて実に魅力的だ。行けば二〜三泊するから雑魚釣り隊のめんめんもそれに便乗して南の海を眺め、文学とはなにか？　ということを考えつつ釣り竿を出す、というのはどうだ、と雑魚釣り隊のみんなに呼びかけた。

そんなこと言ってもたぶん「島とブンガク」など誰も関心をしめすまい、「カンパチとカツ丼」なんていう組み合わせならいいすけどね、などと言うかな、と思ったらブンガクなのに大勢の賛同者がいてびっくりした。

「やっぱり南島は大物が釣れるから、嬉しくてブンガクもよく進みました」

と、昨年その島から沖に行った連中はコーフンしてそのような意味のわからないウソを口走っていたのだった。

文学賞は毎年開催されるので二〇一九年の今年、またしても「ブンガク釣り」を目指してぼくを含めて十七名が参加した。

「宮古島はいいですねえ。隊長、これは毎年やってくださいよ」と懇願する者もいた。

「文学賞は島の文化協会が主導してやっているものだからなあ」と言うと、文化協会の人にじかに懇願する、という奴もいた。そんなハナシを放っておくとわけがわからず協会の人も困惑したことだろうが、島の人はみんなやさしくて親切で、

「釣り文学というのはまだ出てきていないから楽しみにしていますよ」と明るい返事。

誰か早くヘミングウェイになる必要がある。

東京は長い冬が終わらずいたるところ冷たい風が吹いているのに、その南国には直行便で三時間足らずで着いてしまう。

島の空港を出ると生温かい風がふわふわ流れてきて全員「南の島はいいなあ」と口を揃えて言っていた。

琉球の言葉で南の風を「ぱいかじ」と呼ぶ。そして冬が過ぎて春になると、そういうほんわか

暖かな南の島の陽気にはしゃぐタコの介

した時期を「うりずん」と呼ぶ。うりずんは早夏ともいうらしい。いい語感なのだ。

その季節になるとなんだか当然みんな浮き立つような気分になる。とくに我々ぶっこわれ親父集団はまだ酒も飲んでいないのに島に行くぞ、ということが決まると早くもふんわか千鳥足になっている奴もいる。嬉しくてしかたないのだ。

なにしろこのシリーズ、先月は雨に北風突風、大波小波の大シケのなかを泣きながら震えながらのゲロ撒き釣りに出ていたのだ。

「おーし。おれたちの待っていた季節に突進するぞう！」

昨年泊まって全員気にいった「かたあきの里」という宿に直行した。ここは民宿といっても一棟貸しで二十人ぐらいが泊まれるところ。外観は赤瓦の琉球民家づくりで、家の中も伝統家具をとりそろえながら厨房やバストイレはハイテクで清潔。大きな冷蔵庫や洗濯機がどでんとおいてある。ゴキブリ一匹見なかったぞ。

今回の参加者のなかにはタコの介こと樋口正博の顔や、新宿居酒屋の帝王と異名をとる太田トクヤなどの顔がみえる。

タコの介は一年ほど前に食道がんが見つかりずっと自宅静養していたが、退屈だから南の島に行って暖かい風に吹かれてみっか、と杖をつきながらやってきた。思えばこのタコの介とコンちゃんが沖釣り専門誌『つり丸』の編集をやっていた頃、我々を「海釣り」に誘ってくれてそれがこの雑魚釣り隊結成のきっかけとなったのだ。

## でっかいマグロの差し入れ

今回は空港に着いたとたんに「タイだクエだアラだマグロだ！」と口々に叫びつつ早くも「くわあああ」などとコーフンしている沖釣り隊と、「まあ、まずビールだろ。それから泡盛だろう。ツマミは沖縄人の名嘉元に用意してもらおう。魚はまあ釣れるものでいいんじゃない」という海岸さざ波隊のふたてに分かれることになっている。

本当はここに堤防から太棹を「ドエリャアあああ！」などと言って投げ込むのが好きな西澤を隊長とする堤防遠投隊が別派を作るとバランスがいいのだが、昨年試してみたところこのあたりの堤防釣りは南国赤ちゃん魚ぐらいしか釣れないのがわかっていたので、ここでの堤防活動は中止している。

宿に着くと沖釣り隊が集まり「リールを巻きなおして大物に備えるぞ」とバラシのザコが言えば、「おれはルアーだからあんまりやることはないなあ」などと海仁が言う。祈ることも大事な準備ですよ」などと岡本が言っている。

「さすが岡本部長。では一緒に磨きましょう」と海仁。

そんな光景を見て西澤が「……これは不吉な予感がする」と呟いている。かつてバリ島まで遠征し、トーナメント出場した際には、岡本や海仁が「まかせておけ」とものすごくヤル気を見せながら惨敗したことがあったからだ。

八丈島遠征のときも同じようにヤル気を見せたのだが、狙いのキツネ（ハガツオ）は釣れず翌日にチャレンジしてなんとか……。ということもあった。勝率でいうと釣り部が異常なヤル気をみせると大体三回に一回程度は大物を釣るが、つまりは二回はスカだ、ということがわかってきた。

「だってあの気合のいれかた、バリ島のときとそのまんまだもん」と西澤。

そんなときに文学賞の実行委員会から刺し身の差し入れがあった。

昨年もマグロとカツオの刺し身を大量にもらい「釣れなかったけれどマグロとカツオをいっぱい食べられたからいい遠征だった」という者が多かった。

それで今年もまたとにかく安心できる食卓風景になった。本当にありがたいかぎりである。それを見て名嘉元の指示のもとアメリカからやってきたタカと、けなげにドレイ一筋の京セラがいきなりゴーヤチャンプルーなどの沖縄料理を作ったから、そこで早くも大宴会がはじまってしまった。

「うめえなあ。おい。明日は俺ら海岸さざ波隊でもマグロ釣っちゃるからな」と西澤がはじける。

「こんなでっかいマグロが釣れるんならおれも釣ってみたいなあ」と釣り経験など殆どない太田が言う。

「トクさんその意気ですけん。釣り部の奴らに偉そうにされてるのムカつくから俺らもがんがん釣ったりましょうよ」と竹田がどこの方言かわからないコトバであおる。

「そうだなあ。釣り部の奴らはいまいち信用できないからな」と西澤。

「そうさあ。沖縄の海ではおれは無敵さあ。釣り部がなんだあ」名嘉元が加わってきた。

「受けてたちますよ。こっちはルアーしかやらない岡本ヘンタイ部長もエースの海仁さんもいますからね。ぼくだって仕掛け代だけで三万円もかけてますからね。絶対大物かついで帰ってきますよ」とコンちゃん。

## いざタタカイの海へ

翌朝は出発に合わせて一時間早く名嘉元とタカと京セラが起きていて、全員に沖縄の朝の黄金定番「ゆし豆腐」と昨日の魚でヅケ丼、沖縄すば、ポーク玉子などを用意しておいてくれた。両方の陣営がそれらをかっこんでそれぞれの船にむかう。

男の出船だ。

演歌だと昨夜の飲み屋でつきあってくれたちょいと粋な女が柱の陰からそっと見送ってくれるのだが、その朝はタコの介が布団のなかから杖を振って見送ってくれただけだった。

沖釣り隊が乗り込む船は「純海丸」。

森純一船長はコンちゃんと同じ年で沖縄ではなく埼玉県出身。どかどか乗り込んできた雑魚釣り隊と互いに挨拶する。

「今日はよろしくお願いします。カンパチの乗っ込み（産卵に備えて浅場に群れでやってくる。よく釣れる時期）は始まったばかりですが、最近でも十キロオーバーは出ているのでどかんといってください」

船長はそう言って船に御神酒《おみき》を掲げ、以下雑魚釣り隊のめんめんがそれに続いた。そういえば雑魚釣り隊の歴史のなかでもそういうことはいままでやらなかった。みんな感激し、これは是が否でも大物を釣らなければ、という気持ちになっていった。

同じ頃、平良《ひらら》港から「雑魚釣り隊雑魚部」――今回からそう呼ぶことにした。が「ティンバウ号」に乗り込んでいた。ティンバウとは宮古語で「天の蛇」という意味で「虹」のことをさすらしい。

「という意味だそうだよ。虹と蛇の字をよく見ると『虫』偏が共通しているなあ。いままで気がつかなかった」

おれは隣にいるトクヤにそう言った。

「おい竹田。この船の名は虹の上を這っていく蛇という意味らしいぞ」

トクヤが竹田に適当なことを伝達している。船はまだ波静かなところを走っている。この船にはとびきり船酔いする竹田とウッチーが乗っているから、それ以外の連中はどっちが先にゲロを吐くか五百円ずつ賭けている。

ひょんなことからこの船の三宅船長は北海道出身、ということがわかった。同じ北海道出身の太田トクヤが「おお、同志よ！」などと言って握手している。

船は二〇一五年に開通した宮古島と伊良部島を結ぶ伊良部大橋の下をくぐる。まだ船酔い吐き気を発症していないウッチーが写真を撮りまくる。虹の上をいくおれたちの蛇号はそれから四十分ほど走り続けた。

## バラシのザコ

一方沖釣り部隊の「純海丸」に乗っているのは岡本、海仁、コン、ザコ、太陽、ケンタロウ。

港を出て四十分ほど走ったところでムロアジを釣る。それを生き餌にして大物を狙う、という本格派だ。

「今朝、宿を出るときに西澤さんに確実性のないカンパチより釣れるムロアジを持って帰れ、と言われたよ」

海仁が言った。

「確かに新鮮なムロはうまいからなあ」ザコが頷く。

「でもそんなに簡単に妥協してこれから釣ろうとしている大物のエサを食ってしまってどうする」と海仁。

雑魚釣り隊としてはもう雑魚とはいえない上級魚の泳がせ釣りはこれまで何度もやっているが、東京湾の場合はイワシ、小アジ、小サバ、ハゼなどを生き餌にする。今回のそれ（ムロアジ）はカタも大きい。

ポイントに仕掛けを落とし、電動リールでひきあげてくるとバタバタと竿先にアタリがくる。それはそれでけっこうちゃんとした釣りだ。

しかしサビキに食いついたのをまきあげてくる途中でサメに仕掛けごととられてしまうことがあり、けっこう面倒だしなによりもシャクである。

タナは五十～六十メートルぐらいだった。たぶんそのあたりにムロアジがカタマリになっているのだ。

「とにかくかかったら全速で巻いてください。途中にサメがいますからそこを突破しないと。ひとり十匹はたのみますよ」

船長が言う。

ムロアジにとってはえらく迷惑な話だろう。疑似餌に食いついたらすぐに水面めざしてひきあげられ、途中のサメ攻撃をなんとか避けられたとしても、次には口にハリを刺されつついつのまにかまた海に戻され、ああよかった、と思うのもつかのま、今度は大きな魚にガブリとやられてしまう。逃げようとしたってなぜか逃げられないようになっているんですもん。とムロアジの雌がこぼしている。

そういう苦情だって言いたくなる筈だ。

でも自分たちを空中にひっぱりあげた人間は「うおほほほほっ」「おーしきてるぜー」「あっバレたー」「ちくしょうもう一回!」などと言いながら大騒ぎしている。

こう言っていつも大騒ぎしているのはザコである。彼は通称「バラシのザコ」だ。暗黒街ではたいへん怖いネーミングであるけれど海の魚にとってはこんなにいいヒトはいない。バラシとはいったんハリにかかった魚を釣りあげて手元にもってくるまでに逃がしてしまうことだからだ。

結局その日は生き餌のムロアジを必要なぶん釣りあげるまで三十分ほどかかった。コン二十匹、太陽とケンタロウが十数匹ずつ。ジギングで生き餌をつかわない岡本と海仁は関係ない顔をして遠い沖を見ていたらしい。いやこれは、この船に乗っていない者（おれのことです）の感想です。

## ケンネ派の釣り人たち

一方、近海漁業に出ている〝虹蛇号〟はもっぱらお客さんとしているお魚さんらを生き餌などという、アジをアジとも思わない残酷な支度もせずに、早くも目的のポイントで竿を出していた。狙いはタイやハタらしいがもともと釣れればなんでもいいけんね、というケンネ派の釣り人たちである。

エサは冷凍のキビナゴ。船長がそれの付け方をレクチャーしてくれる。

六人が左右に分かれて万事ととのった竿を海に出す。

一投目は誰にも釣果はなかった。でもところどころでアタリはあったらしい。

「ここは沖縄の海さあ。魚なんていっぱいいるさあ！」

いきなり沖縄人の名嘉元が大声をあげる。

なにかと張り合うその名嘉元と西澤がどっちが先に一匹釣るかで五百円のニギリ（賭け）をしているらしい。

「きた！」

虹蛇号は絶景・伊良部大橋の下を通って
ポイントに向かう

と最初に叫んだのは西澤だった。「おお、けっこう引くぞう」

西澤やや焦る。

リールを巻いているうちに隣の名嘉元の竿が大きくビクンときた。

「あいやーこっちもきた。こっちが大きいさあ」

西澤がすごいイキオイでリールを巻いているが、名嘉元の魚が先にあがってきた。

十五センチほどの金魚みたいに赤い小さな魚だった。

続いて西澤の獲物もあがってきた。

かなり存在感のあるアオマチ（アオチビキ＝高級魚。アオマチは宮古、石垣あたりの呼び名）だった。

「やったあ。おれのほうがまともな魚だ」

「おれのほうが早くあげたさあ」

二人は主張をまげない。

たちまち竿も魚も甲板に投げ捨てて互いに互いの口に両手の指をつっこみ「イー」のかたちにして一歩も引かない。

新宿三丁目でよくやっている両者お馴染みのタタカイがはじまったのだ。

（次回に続く）

「かたあきの里」に到着してすぐに宴会開始！　差し入れのマグロで気合を入れて、明日は海に出撃だ!!

出船前に森船長のもと大漁祈願

釣り部はあまり信用されていないみたいだが、はたして大物は釣れるのか？

「おれだってやるときゃやるんだ！」アオチビキを釣った西澤が吠える

「雑魚釣り隊雑魚部」出船！　三宅船長（右）がきっと釣らせてくれるはず！

# 宮古島 源平なんでも合戦(下)

## タタカイは続く

おれたちは遠洋釣りと近海釣りの二班に分かれて南海に出撃していた。

遠くまで行くチームは岡本宏之を部長とする「雑魚釣り隊・釣り部」の六人。つまりエリートだ。

近海に行くチーム六人は誰がリーダーなのかよくわからない。「雑魚釣り隊・雑魚部」なのだからしかたがない。それに強いて言えばもう一グループ「雑魚釣り隊・留守部」がいた。留守部の部長は久しぶりに参加した樋口タコの介。部員は五人いる。留守部の部活というのはどういうことをするのだろうか。泊まっているけっこう大きな貸家を定期的に見回り「台所異常なあし」などと指さし確認しているのだろうか。

遠洋に行く船は夢も大きく南洋のカンパチを狙っている。カンパチといったらとても大きな高級魚だ。その船に橋口太陽君が乗っているのでむかし聞いた話をついつい思いだしてしまった。彼は長崎の出身だ。

上京したての頃、タクシーに乗ったら運転手が「カンパチで行きますか？」と太陽君に聞いたらしい。彼はまだ環状八号線を略して「カンパチ」ということを知らない。彼はすぐに答えたらしい。

「いいですねえ。ぼくはカンパチが大好きなんですよ！」

運転手はなんであんなにしょっちゅう渋滞している道が好きなんだろう。変わった若者がいるもんだ、と思ったことだろう。

そういうあぶなっかしいのを乗せて船は比較的おだやかな海をどんどこ進む。

最初のポイントはぐるりと見渡しても陸のカケラも他の釣り船や漁船も見えない東シナ海の真ん中だった。純海丸の森船長は、

「さあやってください。水深は百五十メートル。底から十メートルぐらいに反応があります。かかったらかなり強いヒキで走りますから、底や岩場に逃げ込まれないように全力で竿を立ててアワセてください。サメもいますからね。やつらに食われないように巻き上げもなるべく早く。ひとり三本はとりましょう！」

と景気のいいことを言った。

今や遅しとタタカイの開始を待っていた六人は競うようにして竿を出す。岡本と海仁はルアー

（疑似餌）だが、他の四人は生きたムロアジを針につけての「泳がせ釣り」だ。

最初に竿を大きくしならせたのはザコだった。バラシのザコである（バラす＝逃げられる）。

「慎重にいけよ」

まわりが口々に大きな声で言う。

「よっしゃ！　あっ、アレ？　ちくしょう、あっバラした！　すげえヒキですわ」

話の展開が早い。バラしてしまえばヒキもオスもクソもない。本日もいつもと変わりないとりあえず順調なスタートを切った、というわけである。

海仁が「おっ」と低く叫んだ。いきなり竿が満月になっている。彼は最近ルアーに完全にシフト変えしているようだ。ギリギリと力ずくでリールを巻いている。

けっこう長いやりとりの末にあがってきたのは四キロぐらいのまさしくカンパチそのものであった。さすが雑魚釣り隊のエース。

これでほかの者がイキオイづいた。釣りというのは不思議なもので、ひとつ船のなかで誰かが最初の一匹をあげると急に全員のスパークボルテージがあがる。おーし。サカナはいるぞ。今度はおれの番だ！　という気迫だ。

## 悲喜こもごも

　次のポイントにきて最初にヒットしたのは岡本部長だった。海仁のときもそうだったがルアー組は静かに力強く、確実にリールを巻いて引き上げてくる。岡本があげたのは三キロぐらいのカンパチとはちがう魚だった。

「なんですかソレ？」

　皆が覗きこむ。

「イソマグロですよ」

　船長がおしえてくれた。

「え！　マ、マグロ？」

「いや、関東ではあんまり見ないと思いますが、あのマグロとはちがって身は赤身ではなくて白いんです。そう言っちゃナンですがあまりうまくないといいますね。大物釣りの外道です」

　折角の獲物だったがどうもさんざんだ。

「でも関東の人にはうまいかもしれない。このあと何も釣れなかったときのためにとっておきましょう」

　船長がそんな説明をしているときに海仁が「あっ」と言った。

「あっ。でも、バレたか」

　海仁が巻いてきたルアーになにか大きな魚の頭だけがあがってきた。イソマグロの頭だった。

「サメに食われたんですね」と船長。

その次に「うわーっ」と声をあげたのはケンタロウだった。リールをはげしく巻いているがキュルキュルいってカラ回りしている。獲物は大きいようだ。

「かかったな。多少強引でも底からはがさないとイト切られるぞ」

コンちゃんが緊迫した声で言う。それによってケンタロウさらに焦る。

しかしケンタロウの竿は獲物を失って急にヘナヘナになる。ケンタロウもヘナヘナ。

## 近海をぐるぐる進む

一方、重度の船酔い常習者を二人も乗せている近海雑魚釣り班は波静かな海を順調に進んでいた。途中で西澤と名嘉元による毎度おなじみの無益な「どっちが先に釣るか」の五百円闘争（五百円の賭け）の不毛な時間はあったが、それはそれで船はポイントにむけてちゃんと進んで、伊良部島の沖合で本格的に釣り開始。それでも出船した港から小一時間は走ってきたから関東でいったらもう立派な沖釣り状態だ。エサは冷凍のキビナゴ。

生きているムロアジなんかは使わない。だいたい生きているおサカナさんをエサにして魚を釣ろう、なんていう残酷なことがよくやれるもんだ、と雑魚部のめんめんはきれいに晴れた空の下で正しいニンゲンの会話をする。

狙うはタイとかハタらしいが、そんなもの自分らに簡単に釣れるとは乗組員（おれたち）は誰も本気で思っていない。つまり釣れればなんでもいいのだ。

全員、三宅船長の指示どおりに竿を入れる。一投目は誰にも何もかからなかった。平和でいい。二投目にチラホラ何かのアタリがあったみたいだ。けれど全員で示し合わせたように誰もがエサをとられ、仕掛けだけがあがってきた。惜しかった、とか、あともう少しで釣れたな、などとは誰も言わない。無欲っていいんだもの。人間だもの。

そのうちに竹田が「ひっひっひっ」とマージャンでダマテンの安い手をあがったときのような声でいやらしく笑い、さっき名嘉元が釣ったのと似ている南洋金魚のような小魚を釣って空中に振りまわしていた。でも誰も何もリアクションなし。無視ともいう。

まあそんなふうにして船は進み、おれたちは言われたように竿を出し、言われたように竿をあげる。そのうちおれの竿にタイのような形をした十五センチぐらいの魚がくっついてきた。やはりみんな無反応。

「反応ないんだもの。まこと」

さっそく〝みつを化〟する。意味わかりますね。

そのうち「うりゃあほうー」と何語かわからない叫び声をあげて西澤が三十センチ近いハマフエフキ（島ではタマン）を釣った。三宅船長も「それは高級魚ですよ！」と最大の賛辞をおくっていた。「どや！」と西澤は両方の鼻の穴を五百円玉ぐらいに拡大している。

一時間ぐらいかけてみんなで合計十四ほど釣った。食える獲物はミーバイやシロダイなどでそれらはマース煮（塩水で煮る）にすることにした。日の高いうちに帰港。おのれを知る近海雑魚部としてはまずまずの釣果だった。

帰港する途中、遠洋釣り部のコンちゃんに竹田が電話して様子を聞いてみんなに報告。

「まあまあ、だとよ。あいつらがまあまあ、というときは結構狙いどおりのものを釣っているんだよな。なんかそういうところあるだろう。カッコつけちゃってよう、ハラたつよなあ。みんなで無視しようなあ」

と、竹田。しかしやつらが狙いのものを釣ってこないと、今夜の夕飯のオカズが心配になる。

## 太陽君コーフンして「パー」になる

遠洋釣り部では岡本と海仁のルアーコンビが大きな魚をひっかけてはサメにとられていた。生き餌組はどうもさいぜんからパッとせず、やはりサメに食われてしまう場合も多い。

ずっと沈黙していた太陽がいきなり「わあ！」などと叫んだ。ついに生き餌組にも春が、いや夏が、いや福が来たのか！

「すげえ。めっちゃ重てえ。すげええ！　リールが巻けない。これは大きいぞ！」

長い沈黙のあとだからみんなが期待する。

「これ、どのくらい大きいんだか。ドラグが摩擦熱で火を噴きそうだ。わははははは。わははは

釣れればなんでも嬉しいのだ。沖縄の魚は名嘉元、ウッチーにも優しかった

ははは」

　誰かがタモを持って太陽の騒いでいるトモのほうに走る。

「わははははは。わはははは」

　あまりにも獲物が重くて太陽はついにパーになってしまったようだ。バカ笑いをしながらやがてついに巨大カンパチを根から引きはがしたようだった。

「あれっ、サメにやられたかな」

　いきなり軽快に回りだした太陽のリール。やがてエサが水面に見えてきた。もう竿は重くないようだから獲物はバラしたみたいだ。海面にあがってきた生き餌のムロアジが元気よく泳いでいる。

　エサが元気、ということはその竿には狙った獲物も、サメでさえもまったく関係していなかったのだ。つまり海底のなにかに根掛かりしていただけなのだ。

　それでも太陽がまだ「わははははは、わはははは」と笑っているのを見て、他の五人は「これはこのままにしておくのはまずいかも知れない」と思ったらしい。やつの腰のあたりにロープをつけて船のどこかに縛りつけておいたほうが……。一時は本気でそんなことをヒソヒソ相談した。

　それから何度か流してポイントを変えた。次に大きく竿をしならせ、先端が海の中に引き込まれる、というゴーカイなヒキがきたのはケンタロウだった。

「わあ。すごいちから！」

　ケンタロウはそれまで何度かアタリがあったけれどことごとくバラしていたので、真剣な顔で懸命に竿を立てる。グイグイと立てた竿が海にむかって弓なりに曲がっていく。イトが緩んだいいタイミングで少しずつリールを巻き、慎重に獲物を海面へ海面へと引き寄せる。

「そのあたりがいちばんサメに食われる水深だから命がけで巻いて」

　船長のゲキにケンタロウはこのところ太りすぎの太い腕に力をこめてサメエリアを懸命に通過。あがってきたのは八キロの良型カンパチだった。わあ、やったあ。

　それからすぐまた太陽が騒ぎだした。大きくしなった竿の先端が海面に引き込まれそうだ。

「今度はちがいます。釣れてます。絶対ちがう。むっちゃコーフンします。もうとまらない、たまんない。どんどんコーフンしていきます」

太陽はもう笑わない。これを逃したら人生すべて終わりだ、という緊迫感にみちている。

「太陽、立てろ！　もっとしっかり立てろ！」

コンちゃんが鬼軍曹のような声を出した。

「ばかやろう。自分のを勃ててどうする。それでカンパチあげるつもりか」

「でもむっちゃコーフンするんです。それにやっぱりなんだかおかしくて。わはははは。わは

強烈なヒキをみせたでっかいマハタ。
太陽は笑いが止まらない

ははは」

こんどこそ奴をロープで縛ったほうが……。とまわりの者が顔を見合わせる。

それを知ってか知らずか太陽のバカ笑いのタタカイは続く。かなりの大物のようでいいところまで引き寄せるとまた虚しくリールが反転してミチイトは海に引き込まれる。かなりの時間そういう危ういやりとりの末、ついに獲物があがった。

五キロはあるマハタであった。

「めったに釣れない高級魚だよ」船長が言う。

「やったあ」太陽とケンタロウがしっかと抱き合う。東シナ海に怪しい愛が生まれたようだった。

この騒動のときにバラシのザコがついにカンパチをバラさずにひっそりあげたようだ。

「まわりにいる人が騒ぐとアガッテしまうから気づくなよ、と心で祈ってこっそりと釣るこっそり釣魚法を学びました」

その日の獲物。

岡本…イソマグロ、コモンハタ

海仁…カンパチ、オオグチハマダイ、ホウキハタ

コン…ボウズ（坊主が釣れたわけじゃなく何も釣れないこと。サメアタックの被害数回）

太陽…マハタ

ケンタロウ…カンパチ

ザコ…カンパチ

## 飲めや歌えや

夕刻ちかく、遠洋釣り隊が帰ってきた。宿には見慣れた顔だが今朝がたは見なかった、つまりは今回参加していないはずのショカツの顔がある。

「あれ？　お前どうしたの」

「参加できそうになかったんですが仕事が落ちついたのでＬＣＣで来たんです。自転車積んできました。でもＬＣＣは重量制限が厳しいからえらい散財ですわ」

しかし大阪からよく来た、とみんなに褒められる。

「だけどな、この宿にお前の寝場所も飯もないから寝るなら庭だぞ」

ドレイ頭の竹田が無意味にイバル。

「そんなこと言わんといてくださいよ。宿は自転車で十五分ぐらいのところに自分でとってます。でも飯はついてないんです」

その日の料理は沖縄を代表してウチナンチュの名嘉元がチーフコックとなり、まずソーミンチャンプルーを作った。めん類命！　のおれはこれにマヨネーズと醤油をかけてぐちゃぐちゃにして食うのが好きだ。それを見て太田トクヤが真似をしてうまいうまいと二人のじいちゃんの食べ競争になった。まだ刺し身も出ていないのにだ。

　みんなは前菜のイソマグロのカルパッチョがうめえ！　と歓声をあげている。やはりこれは立派に「白いマグロ」だ。

　チョモランマみたいになった各種魚の刺し身。近海チームが釣ってきた小魚のマース煮。定番のポーク玉子。途中で出てきたパッションフルーツ酒はパッションフルーツの端っこを指で破ってそこに泡盛をいれて指でかきまぜて飲む。悶絶級にうまい。

　パッションフルーツが足りなくなりそうなのでショカツが自転車でダンボール一箱分買いに行った。これでショカツもここでいろいろ食えるというものだ。

ケンタロウが必死にリールを巻いてなんとかあげた8キロのカンパチ

サメの活性が高く、途中で獲物をとられる被害が続出！

釣り部も雑魚部も留守部も全員集合！　熱きタタカイの後は大宴会だ!!

なぜか自転車で突然やってきたショカツ

ソーミンチャンプルー（右）に隊長はマヨネーズと醤油をドバドバかけた。イソマグロのカルパッチョはまずいどころかむちゃくちゃ旨かった！

# 房総「チンピラゴンズイ」とのタタカイ

## 梅雨入りだあ出発だ！

毎年、いま時分になると雑魚釣り隊はちょっと悩む。梅雨とのタタカイが始まるからだ。魚がちゃんと釣れれば豪雨だろうがハリケーンだろうが元寇だろうがかまわない。カッパを着て、狙いの魚の仕掛けをつくったら「ワーッ」と叫んでいって攻めまくり「ワーッ」と言って逃げてくる。

でも梅雨の始まり当初の雨足はモーレツになると聞いているから考えねば。

仕方がないから一番無難な千葉県房総半島あたりのコッパ魚を狙うしかないけれど、コッパ魚だって何か考えているはずだ。

日頃しいたげられているゴンズイなんかは、梅雨どきはわしらにとってむしろ安らぎの季節じゃい、などと言っているはずである。釣り人がそんなときにノコノコやってくると、この背中や胸の毒針をやつらのバカ面めがけて突き刺してやるけん。ドク針ゴンタといったら木更津から先あたりじゃちっとは知られたあんちゃんよ。そこらのボラなんぞみんなシッポ巻いて逃げていくんじゃ。しかしボラにはそんなに巻けるシッポがあったかのう。

　ゴンズイの子分のハオコゼなんかも一生懸命公害アサリを食べて体内猛毒を溜めているはずだ。刺されたらイチコロじゃい。

「でもぼくらは雑魚釣り隊ですからねえ。そんなのが二十匹も釣れたら、すぐにからあげにして、めしのおかずにしちゃいますよ」

　楽観編集者のケンタロウがまだ青い空をみあげてワハハワハハハと無責任にわらう。

　そうなのだ。最近我々は遠征地がどんどん遠くなり、いきおい狙う獲物もいっぱしになってきて七十～八十センチはあるタイやヒラメ――いや、もとい、龍宮城じゃないんだから、ハタとかマグロとかカンパチなんか釣って「釣り雑誌」の表紙なんかで必ずやってるように広角レンズの前に獲物をグインと突き出して３Ｄ映画のような怪物級に超誇大申告している。だから今回もそれにならって、怪物級のゴンズイをグイーンとカメラの前に突き出せばいいのだ。

　六月八日、東京からふたつのグループにわかれて出発した。ちょうど前日七日に関東は梅雨入り宣言がなされたところだった。

「予定どおりだ。さあこいバカ梅雨め　慌ててにげだす　ロシアの兵」

「ロシアの兵って、ずいぶん古いヒトだね。あんた何年生まれ」

「文政七年八月三日」

「清水次郎長ぐらいだねえ」

いつものようにクルマのなかでみんなで適当なことを言って進んでいく。

「今回の狙いはゴンズイか。そういうのをめざして十七人も千葉に行くというのがそもそも問題だねえ」

「ゴンズイ料理ってどうやんの？」

「毒は背ビレと胸ビレにあるから、まずあれを切り落とす。ついでに口の周りのヒゲも口ごと丸く切り落とすことだろうね」

「じゃゴンズイはそれ以降口がきけなくなるじゃないの」

「ゴンズイは　無口でいいと　遊女惚れ」

「そうかなあ。口なしゴンズイを見たことあるようなコト言ってるよ、このひと」

「いーまでは指輪もまーわるほおーどうー口なしの花にぃ」

「おめえ話、逃げてるな」

「クチナシね」

## **総合体重増加率七十一パーセント**

渋滞なしの東京湾海底横断道路を抜け、富浦インター近くの釣り具屋に到着。ここには何度も来ているからこのあたりで狙える魚を聞き、仕掛けを買ったほうが話は早い。梅雨に入ったはずだが空は高い。潮風さやさや。会社をやめて退職金もって自転車で日本一周している三嶋の顔がみえる。

「あれ？　おまえ仙台じゃなかったの？」

「いや今は新潟なんですが、自転車あずけて新幹線でやってきました」

不思議な青年である。外資系企業の有望社員と聞いていたが、青春のうちにできることをやっておこうと思いましてーと旅に出ている中途なのだ。

ドレイ隊長の竹田の顔もみえる。こっちはロシアに行ったかと思うとアメリカへ、少し痩せたかなと思っていると韓国と中国に行って二十キロほど太って帰ってきた。職業はフリーのライター。面白い文章を書くから旅話の本など書かせたらいい仕事しまっせ。

そのとなりに二カ月前からくらべると三十キロほどは増量している天野がいる。

「お前どんくらい太ったかわからなくなってるぞ。どこかの牢屋に入って三十キロ痩せてこい」

みんな思ったことをすぐ口に出すからこういうことになる。天野は体格もいいが性格もいい奴だ。そのぶんいろんな人がごはんをあげたくなる。よろこんで食う。お前実はパンダか。

あつを君と関西からやってくるショカツ君はそれぞれ最近結婚してしあわせ太りだ。二人ともこのままいくと妻より先に臨月を迎えそうだ。

ごはん茶碗軽く八杯はいける「白めしおかわり君」こと、天野を急追する期待の西横綱・似田貝の姿がみえない。聞けば『怪と幽』という雑誌の編集長になり、ストレスで二十キロも痩せてしまったという。あいつにストレスなんてあるのかいな。タタリじゃないの。みんなで不思議かつ残念がる。

そうだ。おれたちはゴンズイのエサを買いにきたのだった。用意するものが揃ったのでそのまま館山市の那古《なこ》船形《ふなかた》漁港に突っ走る。

ここに来るのは雑魚釣り隊三度目。一年半ほど前にきたときはサッパや小アジを大量に釣って堤防でからあげにした。ホカ弁屋で白めしだけ買ってきてそれの揚げたてをおかずに食ったらうまいのなんの。これぞ堤防釣りの神髄だのう同志よ、などと言って笑いながら肩をたたきあったものだ。

この頃になると高い空にあった薄雲はみんなどこかに流れ、堤防には日光がさしてきた。他に釣り人は誰もいない。

「よおし、この湾内にいるオサカナというオサカナはみんなおれたちのものじゃあ」

みんな一斉に竿を出す。湾内小魚狙いなのでコマセサビキでやる奴が多い。雑魚釣り隊釣り部の岡本部長が帽子、手袋、白マスクにサングラスというゴンズイ強姦魔のような出で立ちで堤防を見え隠れにささっと動きまわっていた。あまりにも怪しい出で立ちすぎて目立つこと目立つこと。

湾内の回遊魚が群れで回ってくると入れ食いになる。さっそくその第一波がきて小アジのわりにはあちこちで大げさな声があがる。

「あっ、ばらした」

という声のほうをみると四センチぐらいのアジが宙を躍っている。バラしたというよりもコボした、というべきだ。

「五つ針　サビキに満開　小アジかな　　あつを」

あつをが俳句入りで本命をあげる。こうなるとドレイ頭《がしら》、おかしら竹田は引っ込んでいられない。とびきりでかいつなぎ竿をふりまわし、「さあ出てこい。小アジはからあげ、大アジは刺し身。どっちがいいか、考えな」

たんなる弱いものいじめの恫喝である。

だから竹田のまわりには雑魚さえいなくなった。

並んで竿を出していた三嶋と京セラがほぼ同時に竿をあげた。おまつりではなく両方の仕掛けにはちゃんと動くものがついている。小さいけれどニョロニョロ動く細長いナマズみたいだ。

「おお！　これこそゴンズイじゃないか。本日の本命ですよ」と宍戸。

「食えるんですか？」

「食えるよう。料理は限られているがな」料理長のザコが言う。

「どんな料理？」

「まあ、からあげが無難じゃない」

「からあげだって　いいじゃないかゴンズイだもの」

側を通りかかった土屋仙人が呟いていく。彼もひさびさの参加だ。

このあとすぐにケンタロウとショカツがハオコゼを釣った。これもトゲにやられると痛い。どうも毒モノばかりだが、その頃になると上空の薄雲もなくなりピーカンとなった。

その後なんにも釣れなくなっているおかしら竹田が、「ぬわーにが梅雨入りだバカヤロウ。こっちはまじめに雨ガッパとか長靴用意してきてんだ。この労力のオトシマエどうつけてくれるんだよ。アメリカだったら訴訟もんだぞコラア」などとわめいている。まるで図体の大きなアマゾンの半毒人だ。

太陽が堤防のすみでよじれながら竿を出している。通りかかったザコが、どうも竿先がピクピクピンピン動いているので太陽にそっとおしえると、あわてた太陽は本当に居眠りしていたらしく堤防から落ちそうになったが、持ち前の運動神経でなんとか墜落を免れた。おしかった。

三嶋と京セラが本命ゴンズイを釣った。ヒレに毒があるので素手で触ってはいけませんよ！

宍戸がハオコゼなどをちょこちょこ釣っていると、となりの天野がいきなりでっかいヒキに慌てて竿を折ってしまった。どうやら大きなボラのようだった。

「あれからは時価数千円というカラスミがとれるんだぞ。勿体ない」

宍戸が言う。

「でもどうやってあの大判みたいなカラスミを作るのかわかりません」

「いいよいいよ。もうカラスミはおかあちゃんと港のどこかへ行ってしまったんだから」

「帰ったら　カラスミ製造　学ぼうね　　天野」

やさしいいい句である。というより小学校の何かのポスターに似てますな。

「腹へった　そろそろなにか　食い頃だ」

「このそばに　アチアチほか弁　みーつけた」

「海苔弁が　安くて　とてもうまそうだ」

「コンビニよりも　信用したよ」

みんな腹が減ってるからこの小学生ポスター会話でけっこう統一化している。

ドレイたちが堤防に散らばるゴミを回収し、見てくれ汚くなったコマセを海水で海に流す。ちょうどその頃、どこか仲間と違うところで竿を出していた西澤がそこそこ大きなアイゴをぶらさげて帰ってきた。そして待望のひるめし。ほかほか海苔弁、中は海苔二段かさねにコロッケ乗せ。

「いまやこういうほか弁は正統派ですな」肉のほしい天野弁当評論家。

## トオルがデカカツオを持ってきた

　素早く荷物まとめてそこからクルマで三十分ぐらいのところにある「大《たい》房《ぶさ》岬《みさき》キャンプ場」というところに行くことになった。

　タイミングよくトオルがやってきた。いつも築地（今は豊洲）でマグロの巨大なカタマリなどを買ってきてくれるから、ゴンズイとミニミニ魚だけしか釣果がなくても安心なのだ。その日は大きなトロバコにデカカツオを買ってきてくれた。トオルは新宿でビストロを経営していて繁盛している。いつも若い女がキャアキャアやっているらしいからマグロのでっかいぶつ切りは店では出てこないという。

　ここにもう一人、イタリアンのシェフ、アントニオ・ザコが加わると無敵である。ずっとむかしの「ＯＮ砲」とかプロレスの「ＢＩ砲」のようなものだ。

　華麗かつ早いもの勝ちの料理ができるまでなんとか飢えの爆発寸前腹をごまかすために、みんなの俳句教室をひらくことにした。ゴンズイ釣りより知能を必要とする房総カルチャー教室である。

　先生はとりあえず作家であるワタクシ。ただし我ながら俳句の能力は不安だ。無作為に並べていく。みんな五七五のルールを知っているのでびっくりした。

・カツオ食い　ゴンズイ食って　蚊に食われ
・テント張り　金玉かきかき　夕餉《ゆうげ》まつ
（宍戸詠む）おお、なんと韻を踏んでいるではないか。
・大物が　釣れたように　前にだす
（カメラマンのウッチー詠む）釣り雑誌の表紙写真のココロですな。
・よいくちの　さわぎの外に　深緑
・アチいぞと　五月晴れにも　文句いい
（三嶋詠む）うまい！　本格派。
・釣れないな　ああ釣れないな　釣れないな
（京セラ詠む）ウーム。共感はあるけれど。君は中学生の部にいきなさい。
・カツオ食い　カレーも食べて　すぐ帰る
（童夢詠む）なんじゃこりゃ。そのとおりだったけど。
・ランタンの　ポンピングせずに　ＬＥＤ
（太陽詠む）むかしは夕方前にガソリンランプのポンピングがドレイの仕事だった。解放感にやや哀しみの加わった佳作。
・那古のアジ　豊洲カツオに　味で勝つ
（岡本詠む）クロウト向きですな。結局どっちがうまいの？

・房総の　アジボウズに　枇杷《びわ》手折る
・これも　それも　あれも　どれも　ヌカカか蚊
（あつを詠む）本格派とズッコケ派。やりますな。
・雑魚釣り隊　釣果なくとも　めしうまい
（天野詠む）やはりただものじゃないねえ。
・キャンプ場　海の匂いの　梅雨読書
（土屋仙人詠む）わりあいまともでしたな。
・朝起きて　昨夜の残骸　見て見ぬふり
（トオル詠む）トオルは料理を作るだけじゃなく片付けもきちんと指導し、自分でもやっている。だからいつかたくわん浜にトオルとザコが互いに大きなフライパンをかかげている記念碑をたてねば。それはドレイたちの使命だぞい。

　こういう句会をひらいているうちに待望のめしの時間になった。

　ごはんの合図のフライパンとナベがぶつけられる音がした。わらわらとおれたち全員が集まってくる。

　三つつながりの即席テーブルの上には、おお、なんという絶景。豊洲のカツオの刺し身と、それに血あいがドーンと並んでいる。一般家庭などでは血あいは店の段階で処理されてしまうけれど、どのカツオ漁師も血あいを溺愛している。大量の新タマネギとニンニク。もう何も文句ありません。

「待てよって言ったらなんだけどよ、おれたちが苦労して釣ったゴンズイは、どこでどうしてる」

西澤が吠える。

「大丈夫です。それらはちゃんと別のテーブルに安置してあります」とトオル。

「安置？」

みるとヘソのゴマ程度のものかと思ったら、皆がひっくり返るほど立派なアジのからあげが並んでいるではないか。どうやらこれはスーパーで買ってきたな。

「まあ、いいけどよ。わしらのプライド、どうなるの」

宍戸が五、七、五で言う。

揚げたての市販のアジのからあげは有料だけあってそれはそれでビールに合ってまったくうまいのだった。

堤防の上でルアーを投げる、とにかく怪しい岡本部長

梅雨入りしたはずなのに雨は降らず。晴れ男シーナ隊長の本領発揮

キャンプの夜は釣った雑魚と酒さえあれば黄金時間になるのだ

トオルが見事な手際でカツオを捌く

カツオの刺し身とタタキはもちろん絶品！釣ったゴンズイやアイゴもからあげに。わっと群がりあっという間に食い尽くす

# 相模湾、マサバ・ゴマサバぶんどり作戦

## むかしサバは神様だった

世の中サバブームだという。

サバというと何の根拠もなく「日本のサカナ」と思っていた。しかも大衆の味方の「いい奴」だ。

そういう好感がずっとあった。大きくて安くてうまい。「〆サバ」という繊細な日本料理は大雑把なラテンの人々には理解も想像もできない。だからヨソの国では、みんな釜のなかにぶっこんでトンガラシで食って「うまい、うまい！　ヒー！」などと言って手足ふりまわしサンバを踊っていればそれでいいんだよな。アシタマニヤーナと言っては食ったあとはボンゴを叩いていればいいんだよな。そういうヘンケンをもっていた。

しかしサバ人気がこのところあがる一方で、サバの輸出大国であるノルウェーは獲りすぎを指

摘されて二〇一九年の三月にサバ漁の国際認証を一時停止させられたという。したがって余波をうけて当然、値段は高騰している。

日本から海外に輸出されるサバの値段は三割ほど高騰しており、水産会社の大手各社は大幅な値上げに踏み切っている。

日本国内のサバ缶の原料も不足気味になっているらしい。おれはもう二十年ぐらい前から東北のあるサバ工場から『特選とろけるサバ缶』を注文し、物置には「コメ、味噌切らしてもサバ缶は切らすな」の重々しい毛筆の警告書を貼ってある。誰も見ていないけれど……。しかしまあそれで昨年ついに二十年来のこの質素な愛好者のふた月ぶん十二個のサバトロ缶が尽き、お店に聞いたら発送できなくなりましたというのだ。

我々は単なる「サバ」だけじゃなく「缶詰」になっているやつ、つまり「サバ缶」が好きなのだ。戦後ずーっとその地味な好みは誰に咎められることなく続いていた。「核」が廃棄されるのを望みつつ「サバトロ缶」は生き残るだろうと安心もしていたのにこの大異変である。

世の中の人々はついにサバ缶のうまさを知ってしまったか！　おれたちはなげく。

でもそれがどうした、とあんたらは言うだろう。

おれは学生の頃、仲間四〜五人で東京の下町のボロアパートで合宿生活をしており、巣の中のバカドリの雛のように口を揃えて「うまいんだよ！　ありゃあ日本のタカラだ！」そう言っていたのだ。

まことにその頃の黄金のおかずはサバ缶だった。サバ缶は主にパチンコ屋の景品稼ぎで集めていた。戦利品のサバ缶は月見団子のようにピラミッド型に積んで部屋の奥にミカン箱を置いてその上にうやうやしく置かれていた。それはおれたちの神棚だった。

それをどのようにして食ったか。

一番単純なのはたっぷりめのあつあつごはんの上にフタをあけたばかりのサバ缶をそっくり醤油とカツオブシにまぜて、ドンブリに投入。素早くかき回して食う、という天をも恐れぬ大胆な食い方をしていた。とかく不足している野菜も食べないといけないのでタマネギを切ったやつを皿の上に。これもカツオブシ醤油によくあいます。それをさらにカツオまぶしにして食う奴もいてそいつは常に目が赤く充血しておりましたね。好みによってそこにマヨネーズをグニュグニュッと投入してもいいのです。

どうも世界中の人々がこの「あつあつごはんのサバ缶醤油かけ」をやりはじめたらしく、サバの水揚げが各地で減少していることもあって、サバ缶工場は出荷停滞、最悪ストップ、という困難に直面している、ということらしい。

「地球滅亡の前に、はやいところ我々もサバを十分釣っておかないと」

「缶詰にしてどこかに隠しておかないと」

我々がそのように焦るのも当然だろう。

すると「今なら相模湾に行けばサバがうじゃうじゃいますよ」などと京セラが言った。

「ん、うじゃうじゃ？」

こないだまで新婚ボケしていた京セラの顔をみんながみる。

雑魚釣り隊はこれまで何度かサバの群れに遭遇している。二〇〇八年に新島でテント合宿したときは堤防でサバの群れに出会い、入れ食いの狂乱状態になった。そのときのことはこのシリーズの二巻目『わしらは怪しい雑魚釣り隊　サバダバ　サバダバ篇』に必要以上にくわしく書いている。

そのときは我々以外に釣り人は誰もおらず、我々十一人と無数のサバとの対決になった。四十〜五十センチのサバが一時間もせずに三十匹ほど釣りあげられ、それから島にいるあいだ、ありったけのサバ料理を食って全員サバ化する、という日々を過ごしたのだった。

そしてこのときのショータイム。サバ対ヒト対決の頂点は新島大サバと名嘉元戦だった。あまりにも大きなサバがひしめいているので、彼は一人で五、六本の竿を出していた。名嘉元はとりわけこういう釣りが好きだった。すぐにかかるからほかの竿の餌つけにいそがしく、置き竿にしていた彼の一番いい竿が気がつくと堤防の先をひとりで移動していたのだった。

サバよりも俊敏なコンちゃんが勝手に逃げ出した名嘉元の竿と、それをひっぱって逃げていく大サバを西部劇のカウボーイさながらに、仕掛けのついた投げミチイトでがっしりからめ、それらをひっぱってサバの国に逃げていく大サバごと竿を回収することに成功した。そのときの様子を目撃していないものにコンちゃんがそのさわぎを再現し説明したことで、名嘉元は「置き竿流しのナカモト」と言われるようになったのだった。

## 俗悪の新宿からサバ神様のもとに

長い梅雨が続いていた。

釣りに出る当日は大雨予報が出ていた。

深夜というか早朝というかあいまいな時間だからまだ酔客がフラフラ歩いている。

我々は日頃のアジトになっている新宿三丁目の居酒屋前に早くもサバ目と化して集結していた。

三丁目と二丁目をへだてる路上には男だか女だか判然としないカップルがあちこちにいっぱいいて釣り竿ぐるんとぶん回せばルアーに五〜六人はひっかかりそうだった。

今回は全員ルアーでやることになっているから、出発前にルアーが未熟な者にむけて岡本部長がレクチャーをしていた。

「船長が魚群探知機でサバの群れをさがす。間もなく船長に言われたタナ（魚のいる水深）にルアーを落とす。タナまで落としたらルアーをチョコンチョコンと踊らせてサバを誘うわけだ。すると運のいい奴のルアーにはすぐアタリがある。たくさんのヒトが竿を出していると思われるので、グズグズしているとオマツリ（海の中で釣りイトがからまること）になるからかかったらとにかくすばやくリールを巻いて引き抜いてしまうこと」

深夜の新宿の闇のなか、酔っぱらい男女の声があちこち飛び交っているなかで雑魚釣り隊サバ釣り突撃団は静かに真剣に聞いている。その日の遅い午後には、伊東にある合宿所に十四名ほどが集まる。サバづくしの宴会に六十匹ほど持ち込む予定だ。

岡本、コンちゃん、ベンゴシ、ショカツ、京セラ、ケンタロウ。突撃釣り部としてはいつもより小粒感はあるが「一人十四匹目標」と岡本部長に言われてみんなさらに引き締まった顔になっている。

「やることはシンプルだから集中してサバの気持ちになることです。そうして果てしなくココロを開けばサバも心踊らせルアーに近づいてくるのです」

普段から毎日トレーニングをし、瞑想し、何種類かのサカナの気持ちになっている岡本部長は最近なんとなしに海洋修験道師っぽい顔つきになってきている。喋るたびに左右の首のあたりがふかふか動いているのは岡本の体内で成長している鰓《えら》の脈動だろうか。

「では出発しまあす」

ケンタロウの合図でみんなそれぞれのクルマに乗った。

「シンプル、シンプル」

関西からこのサバ釣りのためにやってきたショカツは口の中でモゴモゴ呟きながらコンちゃんの運転するクルマに乗る。そして一団はサバの海にむかって新宿のただれた狂乱の巷を脱出したのだった。

## おまつり航海

釣り船は平塚の「浅八丸」。ここのサバ釣りはライトルアー船という。六時に桟橋を出て九時まで。料金はひとり三千八百円とお得感がある。ジグ（ルアーの種類）は四十グラム～八十グラムで、潮の速さを見て重くしたり軽くしたり調整する。ルアーにつけるフック（針）はカエシの部分だけペンチで潰す。サバを抜きあげるときにこれがはずれて自分や隣の人などに針が刺さらないようにするためだ。

時間どおりに出航して十五分も走らないうちに最初のポイントにきた。四十メートルのタナという。

乗合の釣り人も雑魚釣りチームもいまや遅しとルアーを入れる。この釣りはルアーを落として獲物がすぐにかかるか食わないか、そこでもう判断していいらしい。

誰にもなんの反応もなくすぐに別のポイントに移動。ここは水深五十メートルがタナだった。すぐに岡本部長がめあてのいいカタのをあげる。続いてショカツとベンゴシがほぼ同時にあげた。

「シンプル、シンプル」

ショカツはずっと口の中で呟き続けている。キモチワルイ。

ベンゴシはルアーにサビキ（疑似餌をいくつもつけている欲張りな仕掛け）をつけていたのだ

が、それに二匹かかっていた。豪快だが周囲の釣り人とすぐにオマツリする。そのときも「ウー、重てー、どっこいせー」とあげたが、後ろにいた釣り人のイトとオマツリになってしまった。

「すいません」

こういう時の対応に慣れているコンちゃんがオマツリをはずしてベンゴシの事件を解決してやっている。

いろいろ小さな事件をひきおこしつつ、それでもみんな一時間もすると平均五～六本はあげていた。

十匹をしっかり釣り上げた岡本部長は「ぼくはこれでノルマを達成したと思うので、このあとは自分の狙いたいサカナに目標を絞ります」。

きっぱり宣言し、ミヨシ（船の先端のあたり）に立って別のルアーをふりまわしはじめた。どうやらブリを狙っているらしい。

まもなくその岡本部長がヒットしたらしく弓なりになった竿を抱えて必死でリールを回している。

「なんだなんだ」

と、みんな注目する。やがて水中で白い腹を踊らせている魚が見えてきた。ぶっこぬくと、とても大きなアジだった。

サバばかりの獲物のなかではこのアジは刺し身にするとお姫様のような存在になりそうだ。

## 伊東に行くなら「待ってるだけ」

サバ釣りに出ない他のメンバーは伊東に集結していた。以前にもキャンプではなく短時間で集結して居場所を定め、そこで宴会をやろう、という安易路線が登場し、釣り部隊を送ったあと我々は宴会場を設営し、ごはんを炊いて、ついでにお風呂もわかして、宴会前のつまみなんかを作って獲物がくるのを待っている「奥さんチーム」をつくったことがあった。

雪の冬や、梅雨の季節に大地に寝場所をつくる、というのが面倒なことがある。そういうときに疲れて帰ってくる「釣り部」のダンナさんらに「お風呂にする？　それとも先にイッパイやっか？」という内助の功をつとめましょ。という優しい心が生まれてきたのである。

早い午前中に平塚に戻ってきた雑魚釣り隊サバサバ部の釣果を見る。

岡本＝サバ十一匹、大アジ一匹。雨だらけの予報だったのに快晴でいい釣りだった。

コン＝サバ十五匹。写真を撮るのとオマツリ始末であわただしかったけど楽しかった。

ベンゴシ＝サバ十二匹。自分としては満足。

ケンタロウ＝サバ十八匹。ほとんどが京セラとオマツリ状態で疲れました。

京セラ＝サバ九匹。三十匹ぐらい簡単だと思ってたんですけど、貸し竿の調子が悪くて……。先輩には「言い訳すんな、バカヤロウ！」と怒られました。

ショカツ＝サバ十二匹。シンプル、シンプル。

全体＝サバ七十七匹、大アジ一匹。今夜の宴会に向けて文句なしの釣果でしたな。

## 包丁握って「待ってるだけ」

合宿所で待っていたのは土屋、宍戸、天野、太陽、トオル、竹田、ウッチー、シーナらだ。待っているしかやることがないので、当然ながら昼からビールを飲み「サバはまだか。なにしておるのか」などとみんな無意味、無責任にえばっていた。

「サバの決定的にうまい料理はなんですか」などとトオルにしつこく聞いている奴もいる。トオルの手に渡れば、新鮮そのものの獲物だしどんな料理も圧倒的にうまいだろうというのは間違いない。

「まあサバの大きさとか光沢とか見てみないとわからないけれど、新鮮なのだと〆サバは圧倒的にうまいだろうな。それに竜田揚げ、サバ味噌煮の定番で十分でしょう！」

「うー！　そのみんなをいますぐ同時に食いたい」

竹田と太陽が身もだえする。

そういうところに大きなクーラーボックスふたつに満杯の釣りたてサバが届いた。

「わー、サバだサバだ」

「サバダバ、サバダバ！」

すぐに台所でさばきに入る。雑魚釣り隊の若者はドレイとして入隊したときから魚のさばき（アラの始末、三枚オロシの基本的な包丁さばき）を教えられるから、若いモンの殆どは手ぎわよく上手にそれらをこなすことができる。世の中に出せばみんないいヨメになります。

六時ぐらいにはそれらの皿が大テーブルにどーんと並んだ。

「サバづくし。サバ会席でございます」

「先づけは何かな」

「サバの目玉のギョロリ煮でございます」

「トオルが作ったのか」

「いえ天野めでございます」

「じゃやめたほうがいいな。それよりか光沢よく上品につかっているサバの酢〆がよさそうだな」

ダントツにサバ好きな竹田と太陽の三種類のサバを食うスピードとその量は群を抜いている。狂乱の幸せの宴会は目ぼしいものがなくなるまで続き、その夜更けに竹田と太陽はただならぬ腹痛にのたうちまわり、早朝病院へ駆け込んだのだった。

サバ好きの人は、口のなかでよく嚙んで、サバ肉もアニサキスごとバラバラにし、それでも生き残ってイブクロまで到達したやつを猛毒胃液のくるみ殺し技で退却させせないといけない。

雨予報を吹き飛ばすいい
釣果！　ライトルアーの
サバ釣りは初心者にもオ
ススメだ

岡本部長のレクチャーを受けた
後、ペンチで針のかえしを潰し
て準備万端。待ってろサバ！

「サバはまだか？」早い時間からただ飲んで
いるだけのシーナ隊長と土屋仙人

〆サバ、味噌煮、竜田揚げ。
サバ界における定番中の定
番料理たちは、やはり間違
いなくうまいのだった

高級魚になりつつあるという噂のサバをとに
かく食いまくるのだ！

# トウゴロウイワシとともに南に去った男

## おれは南に行く

西澤亭が沖縄に回流、じゃなかった、放流でもなかった、自分で「行くんだ、そんでもってもう帰ってこない」と言いだしたんだからコトはおだやかじゃない。

なにもかも自分でそう決めた、と言うのだから自主的島流し、ということになるのだろうか。

彼は雑魚釣り隊結成当初から、リーダーの一人としてこの三十人前後の、年齢も職業も好きな食い物もタイプの女もぜんぜん違う男集団のなかでひときわ存在感が大きかった。

おれは彼が二十代の頃から仕事も遊びも一緒によくやっていた。そのなかにはあしかけ四年、日本中を取材してまわるというものや、遠くヨーロッパのウイスキー島やアジアのわけのわからない国をめぐり、わけのわからない顔をして帰ってきて、いやあ、あのときはさっぱりわからなかった、などと言いあい、互いに頷き徹夜してケジメのサケを飲んだりしていた。なんのケジメなのかはよくわからない。

みんなのなかで歳が上、というだけで雑魚釣り隊結成時から今日までおれがこの集団の隊長ということになっているけれど、実際にリーダーシップをもってみんなをひっぱってきたのは西澤だった。

西澤ほど豪放磊落《ごうほうらいらく》というコトバがぴったり当てはまる者はおらず、どこへ行くのでも何をするのでもこいつの顔があるとおれは安心していた。おれはきまぐれだったけれど、彼はどんな奴とも朝までつきあえるし、目的のないドンブリ酒飲み比べ、ゲロ酒、カラオケにおける見たくもない親父ストリップ酒、等々何でもできた、というより気がつくとやっていた。

同時に何もできなかった。そんなことを書くと「ん？」「え？」ということになるかもしれないが、こっちのほうはあくまでも雑魚釣り隊としてのハナシである。

「よく堤防を太竿かかげて長靴ならしドッドッドッドッと走っていって遠投しているのを見ましたねえ。でもなにかを釣っているところはとんと見たことがなかったけどなあ。あのヒト魚に対してもいい人だったよなあ。おしい人をなくしたよなあ」（料理長ザコの話）

「ああいう人が兄貴分でいるとこっちがぜんぜん釣れなくても怒られなくて安心だった。いいヒトをなくしたよなあ」（雑魚釣り隊エースの海仁）

なんだか本当に南の海の彼方に堤防からそのまま消えてしまったような話だが、この夏、南島に流された本人は、ハイサイ、ハイサイなどと言いながら、思った以上に元気ハツラツ、快適な暑さに感動しているようだった。

## 雑魚釣り隊人事異動と新組閣

かれこれ十五年目ぐらいになっている雑魚釣り隊は「隊」といっても入隊資格とか規約とか会費とか破門などといったものは一切ない。こうして全国で販売される週刊誌（週刊ポスト）に毎月の行状記を連載（月に一度）などしてもらい、オバケじゃないけどそれらは三〜四年ごとにとつぜん単行本になって全国の書店にフラフラ出てくる。

長く続いているとそれらを見て「おれも入れてくれないか」などと言ってくる人がときおりいる。もともと入るものはこばまず、出るものは追わずの精神でやってきているのだが、ものすごい釣り好きな人に入門を打診されることがある。釣りの話をしたら三時間はとまらないようなキケンな人だ。そういうときは西澤が居酒屋などで応対し、「入るのはいいけれどおれたちはサカナが釣れてナンボの集団じゃけえ、時々大物を追ってシリアの沖あたりまで行ってそのまま帰ってこなかったりするヒトもいたりしますが、そんなんでもよかでしたかあ」などとデタラメ方言ばらまいてヨタ話をして相手をケムにまいた。

さらに酔ってくるとカラオケに連れていって「兄弟船」なんか歌い、さらに酔ってくると「天城越え」などもフリつきで歌い、佳境にくるとワイシャツの胸をどんどんはだけたりするものだから、西澤が面接するとたいてい途中で相手があきれてどこかに行ってしまう。そういう意味でも能無し隊長のおれとしては、西澤は貴重な幹部人材だった。

そこでせんだってわが隊の今後を憂いた現存するリーダーたちが集まり、めったにやらない（結成以来二度目だったか）幹部会議というものをやった。といってもおれは民主主義というのがニガテなのでそのとき思いうかんだことを話しただけだった。

【雑魚釣り隊の新人事】

・若い者頭《がしら》＝竹田（いままでの西澤の立場）
・ドレイ頭《がしら》＝太陽（いままでの竹田の立場）、補佐＝天野
・よろず世話人＝ケンタロウ（かわらず）

この新人事案は荒れることもなくほぼ三〜五分ぐらいで合意に至った。

さて忘れていたわけではないが今回の釣りである。釣りについても西澤にちなむオサカナは何か、ということが話題になった。どうせなら今回はそいつを狙おうと。

雑魚釣り隊で本当に釣りが好きでうまい奴には、例えばコンちゃんならイカ、太陽ならハゼ、ケンタロウならフグ、岡本ならカンパチやヒラマサ、宍戸ならマグロ！　といったカルタあわせのような組み合わせがすぐに出てくる。

平塚に住んでいた西澤は広い堤防を横走りにどどどっといって太竿での遠投、というイメージがあるが、さっきも言ったように平塚にせよ新島にせよそういう状態でなにかでかいのをしとめ

たのを見た人は少ない。

そこで彼はいつしか〝平塚の不発弾〟と言われるようになった。言ったのはおれだった。

## 悲しき平塚堤防

もうひとつ「トウゴロウイワシ悲話」というのがある。

結婚してしばらく、西澤は日曜日には地元平塚の堤防によく釣りに出かけていた。季節は忘れたがあたりにあまり釣り人の姿もなく、太陽はサンサン。缶ビールヒエヒエ。

その日海に出した西澤のヒマ釣り用の小さな竿に頻繁にアタリがあった。そんなに大きくはないがカラアゲにしたらぜったいどんな酒にもあうだろうという小アジもしくは小イワシらしき魚のイレグイだった。サビキを入れると六〜七匹小さな鯉のぼりみたいにピチピチ跳ねながらそいつらが並んであがってくる。いやはやフヒヒヒヒなど笑っているうちに二十匹ぐらいは軽い軽い。さらに四十匹、そして六十匹。あっという間に彼のクーラーボックスには百匹ぐらいが上になったり下になったり。

「おーい小アジが大漁だぞうこのやろう」

西澤は家に帰ると誇らしげに妻にそれを見せた。西澤の奥さんはなかなかの美人である。あっ、これは関係ないか。伊豆の育ちで海や魚のことは西澤よりくわしい。

「あらなによ。知らないの？　それはトウゴロウイワシじゃないの。食べられないことはないけれどまともな釣り師は相手にしないわ。つまり雑魚中の雑魚よ」

とそのように言ったのかどうかは正確にはわからないが、たぶん同じ意味のことを言われ、西澤は面目丸つぶれとなった。

かつて我々の釣りにも参加してくれていた嵐山光三郎さんが、旅先での西澤を見て、そのガラッパチぶりから「森の西松」と命名したことがある。不思議にそんな名前が似合っていてよく覚えているが、たぶんトウゴロウイワシを前に西澤は相当に落ち込み、そして腹をたて、そこらの雑木を二〜三本折るようにして怒りまくったのではないか、と想像する。根が単純なわかりやすい男なのである。

雑魚釣り隊のなかではこの話は有名だ。いろんな堤防に釣りに行くとたいていこのトウゴロウイワシが群れを作っているので、わざわざ西澤を呼びにいくバカな新米ドレイがいた。西澤たちまちイカリ、その呼びにきたバカは海にほうり投げられる。

「そうだった。西澤さんといったらトウゴロウイワシだ！」

と今回手を打ったのがもっとバカのケンタロウだった。次の釣りは遠く沖縄へ流浪の旅に出てしまったあの「あにい」をなつかしんで、みんなでトウゴロウイワシを釣りに平塚の堤防に行こう。そんなふうに考え、ほかに代案もなかったのでたちまちそういうコトに決まった。

## タコの介よ永遠に

そんなドタバタのさなかにもっと大変なことがおきてしまった。

雑魚釣り隊を編成しないか、と最初に言ってきた沖釣り雑誌『つり丸』の元編集長だった樋口正博さんがガンで急逝したのだ。彼が食道ガンを告げられたのは一昨年の暮れの頃だったが、本人はいたって元気で酒場などで自分のガンの話をよくしていたくらいだった。

雑魚釣り隊の初代料理長をしていたリンさんも食道ガンに罹患したが、奥さんの献身的な食事療法などのかいあって（奥さんのその料理レシピなどは本になっている）医者も首をかしげるような奇跡的な経緯をたどり、ガンが消えてしまってもう七年。樋口さんにも同じような……と期待していたが、今年三月の雑魚釣り隊宮古島合宿を最後にとうとう立ち上がることはできなかった。

樋口さんはやはり嵐山光三郎さんによってタコの介と呼ばれ、みんなから親しまれていた。彼は釣り雑誌の編集長なのに海とサカナが嫌いで、地方への合宿に行くともっぱらテント場での留守番を兼ねて読書とヒルネをしていた。

葬儀は東京の西の郊外の斎場で行なわれた。雑魚釣り隊のめんめんが集まっていた。きちんとした喪服姿のみんなを見るのは不思議な気がした。弔辞のような大げさなものではなく、日頃の仲間に語りかけるような感じでぼくと嵐山さんとでお別れの言葉を連続して言わせてもらった。二人の娘さんが目を真っ赤に腫らせていて、それを見るのが辛かった。

二十一時になっていたので十人ほどで渋谷区のレストランに行って改めてみんなで献杯し、タコの介の思い出話から次週にせまったトウゴロウイワシ釣りの話のあれやこれやで閉店までいた。

その店からぼくの家は歩いて帰れる距離だったのだけれど、雑魚釣り隊のわかいもん二人が自分らと同じ方向ですから、とタクシーに便乗させてくれた。こういうケースははじめてで、わしもいよいよ長老なんだなあ、と静かに認識したのだった。

## 大堤防の大異変

平塚トウゴロウイワシ作戦の日。出発時の天候はわるかった。ウッチーと天野が自宅まで迎えにきてくれた。昨年あたりまではおれは自分でトラックを運転して行ったが、今は家でじっと待っているとこうしてわかいもんが迎えにきてくれるのだ。

ウッチーは数年前、アイスランドに行ったときに二週間ほど同じ仕事をしたが、ダートな道でもいやに運転がうまい奴だなあ、と思っていろいろ話をすると本業はカメラマンでアウトドア関係に興味がある、と言うので雑魚釣り隊に誘ったのだった。するとこいつが万能選手で実に役にたつわかいもんだったというわけだ。

平塚の堤防に到着するといつの間にかカンカン照りになっており、早くも雑魚釣り隊のめんめんが集まっていた。

海仁、三嶋、ザコ、太陽、山崎、ベンゴシ、京セラ、それに大阪のヤブちゃんの顔がある。ヤブちゃんは中小企業ながらもちゃんとした会社を経営していて、ちょっと間違えるとそのスジの人みたいな河内弁にこっちはたじろぐが、実に礼儀ただしい奴だ。

ケンタロウが見慣れない青年をつれてきた。

「自分で挨拶してごらん」

ケンタロウが社会人の顔をして言う。

「快といいます。父がいろいろお世話になっていました」

青年特有のセンの細さはあるが物腰、口調、実にしっかりしている。

そうだった。忘れていた。

西澤が沖縄に行ってしまうのと入れ替わりに自分の一人息子をドレイとしてさしむけますわ、と言っていたのだった。大学在学中に一年間、海外武者修行して来年から日本の会社に勤めることになっている。おれはこの少年、いや今は青年だが小学校に上がる前に一度会っている。草野球をするときに西澤が連れてきたのでキャッチボールをした記憶がある。

「おう、あのときの快か！　立派なセーネンになったなあ」

顔つきに西澤とトウゴロウイワシの面影がある。ドレイの京セラが近くにきてなんとなく嬉しそうにしている。最末端ドレイの京セラにはじめて後輩ができたのだ。

　ギラギラの太陽が強烈で急いでサングラスをかけた。最近原稿を書いていると目が霞むような気がして医者に行ったら「あんたはこれまで太陽ばかりのところにいたでしょう。目がヤケドしていますよ」などとおそろしいことを言われたのだ。医者は、まあ歳も歳だけどこのまま無防備でいくと白内障の危険がありますよ、とも言う。そう言われれば世界のいろんな牙槍太陽光線の国ばかり旅してきたなあ。

「ところで獲物はどうなっている?」

「それが!」

　ケンタロウが一、二歩あとずさった。

「それが、あれだけいつでもどこでもうじゃうじゃいたトウゴロウイワシが今日はまったくいないのです」

「いないって……いるな!と言ってもあいつらはうじゃうじゃいたじゃないか!　何やってんだ」

「と、言われても、いないのです。トウゴロウイワシのいない海なんてはじめてです。ゴンズイならいつにもましてうじゃうじゃいますけれど」

　ケンタロウは本気で困っているようだった。

「おれたちも検証していたのですが、これは何かの超常現象のようなものがはたらいて、西澤さんが関東近辺のトウゴロウイワシをみんな沖縄に連れていってしまったんじゃないだろうか、という推察も出ています」

ベンゴシが言った。いつも気軽にカタカナでベンゴシと書いているが田中慎也といって本当の弁護士だ。あまりにも若く、ソフトなイケメンなので貫禄というものがまだない。

「夜間のみ、もしくは雨天のみ効用認ム、などという条件つきの弁護士なんじゃないですかね」

いつだか竹田がそんなことを言い、うなずく者が何人もいた。

彼が雑魚釣り隊に加わったとき、「扱っている案件は離婚訴訟なんかが多いですね」と言っていた。

みんなに引き止められながら志操堅固《しそうけんご》に沖縄に行った西澤は、数年前に離婚している。その亀裂の発端がトウゴロウイワシ事件であったかどうかはわからない。

西澤は東京では大手広告代理店で活躍し、自由に世界を動きまわっていた。沖縄では、一番大きな広告代理店に就職した。現在五十二歳。南島はいま活気に満ちている。関東からトウゴロウイワシ五億匹を引き連れて、奴はこれから第二のアギジャビヨウ（沖縄語でびっくりしたあ！）的活躍を見せてくれるだろう。勿論、雑魚釣り隊沖縄および南西諸島全般の急先峰として、まずは五十匹のミナミマグロと仲よくしようとハナシをつけてくれるにちがいない。

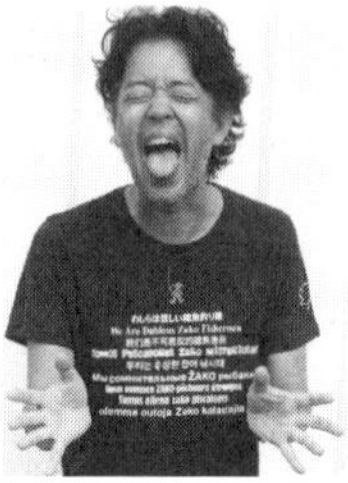

この夏、西澤が沖縄へと移住してしまったので、西澤の元ホームグラウンドの港に集まり、彼との思い出の魚を釣ってみることにしたのだった

どれだけ竿がしなっても釣れるのはゴンズイばかり……

西澤の息子・快が新ドレイとして入隊！　父を越える日はくるのか

「これからも見守っていてください」タコの介こと樋口さんを偲んで、海に向かい全員で手を合わせる

それにしても何も釣れない。隊長は竿を出すのをすぐにやめた

# ハリセンボンの怒りおさまらず

## 愛と反省の伊豆大島

伊豆大島に遠征することになった。この島に行くのは二回目。十数年前に雑魚釣り隊の記念すべき初めての行状記を沖釣り専門誌『つり丸』に書いたのがこの島だった。

沖釣り雑誌での連載は初めてだったが、初回だからドーンとでっかい魚を狙って竿を出そうよ、という意気込みで、十人ぐらいの人数でメメズ浜という、しょぼい名称の馬蹄型をした直径三十メートルぐらいの崖の上からの陸《おか》っぱりだった。

しかし、はるばる大島まで行ったというのにサカナがほとんどいない。いやいたんだと思うけれどおれたちには釣れないのだ。常に七〜八人、海に竿を出しているというのに、三時間もたつというのに、誰の竿にもピクンともこない。

こういう時は誰かのもうボロすぎて使わない、使えない、という竿に石をくくりつけて海に沈め、まわりでじっとしていれば、その小さな湾の主と思われる白髪の海の仙人みたいな老人がボワーンというドラの音とともに海の中からあらわれるのだ。右手には古竿、左手には金の竿を持っていて、

「みなさんが落とした竿は右手に握っているものでしたかな、左手に握っているものでしたかな？」

などとおごそかに聞く。

当然おれたちは金ピカの竿を持っている「左手の竿でした！」と力強く答える。

海の仙人はボロ竿を我々に返す。

我々「ん？」という顔をしていると「ハイ、あんたらから見てむかって左手のやつがコレじゃったな。海に廃棄ゴミを捨てないようにしましょう」などとおごそかに言って、またボワーンというドラの音とともに海の中に消えてしまった。

そういうことがあったからか、そのあとも何も釣れず夕陽は落ちていくばかり。

今日はもうだめだな、と思ったときに海中にネコぐらいの大きさのノソノソした動作のゆっくりした大きな目玉をしたサカナがあらわれた。

「あっ、生きているサカナだ！」

誰かがさけぶ。

「声が大きい。あいつに聞こえてしまう。あいつ十年ぐらい前のグラビアアイドルに似てない

か」

「おい、それよりもあの物体をどうしよう」

それは琉球諸島や南西諸島でアバサーと呼ばれているハリセンボンだった。毒がなく大きいから刺し身にしてよし。ワタと骨でアバサー鍋にすると簡単に十人前ぐらいのゴチソーになる。

なんにも釣れないのでみんなの仕掛けのハリをアバサーのまわりに集め、「さあおじさんたちと遊ぼうよ。おじさんたちとはなんでも遊べるよ。いいところ（お店）もいっぱい知っているからさあ」と口々にネコ撫で声で油断させ、ついにサビキ仕掛けを八本つかってがんじがらめにして強引にひっぱりあげ、その日の夜の「アバサー汁」にして幸せな時間を過ごしてしまった。

しかしあとで聞いたら、そのアバサーはそうやって誰にでもなついてくるため湾のアイドルのような存在としてみんなにかわいがられていたという——それが雑魚釣り隊の開幕戦だった。

## 岡本の狼狽

今回の大島遠征は宍戸、竹田、岡本、コン、ひさびさのヒロシ、天野、ザコ、太陽、ベンゴシ、三嶋、ウッチー、ショカツ、似田貝、京セラ、快（西澤の息子の新ドレイ）、ケンタロウ。それにおれと太田トクヤのじじいコンビを加えてなんと十八名だ。

竹芝から出た船は、はやくものったりしたウネリを感じさせている。台風十五号が不気味に近づいていた頃だったのである。

大島に行くことが決定してから必要以上に明るい顔の日々を送っていた雑魚釣り隊釣り部キャプテンの岡本は、出発が近づいてくるにつれてどんどん悲壮な顔になっていた。

「このままの進路でいくとドンピシャでっせ」関西チームキャプテンのヤブちゃんが、今回参加できないうさ晴らしなのか、競馬場のC級予想師みたいな話し方で出発前の岡本に電話をかけてきた。「まず第一に弱気な釣り船いうんはマリアナ諸島に台風が近づいてきたあたりでとっとと中止や。その点わしらのとこの住之江競艇見てや。台風の目に入ったとこでスタートでっせ」

ヤブちゃんが何を言いたかったのか最後までわからないまま、岡本の苦悩は募っていく。

大島といったら釣り船で十キロぐらいのカンパチやヒラマサなど、ルアーで大物とり放題の絶好の地だ。岡本はあちこちの船宿に電話をかけまくって様子を聞いていた。しかし台風次第だから様子見というところが二軒あったきりで他の釣り船はみんな休業、というつれない返事だった。

大島の到着港は岡田港と元町港があり、波や風などの状況を見てその日の到着港を決めるという。なるほどその日も予定では岡田港に着くはずが出航すると元町港に変更となった。港に到着すると、駐車場には我々の借りていた三台のレンタカーが鍵がささったまま置いてあった。島のルールは簡単でいい。

人間と荷物を乗せて反対側の岡田港に行くと、海から三分ぐらいのところに予約してある宿「吉陽」があった。一階に大きな厨房があり、カウンターがあって端のほうにハートランドの生ビール樽がふたつも設置してあった。雑魚釣り隊の本拠地は新宿三丁目だが、毎日のように夜ともなるとそのあたりを徘徊しているベンゴシが偶然会った人が、むかし新宿三丁目の店で働いており、いまは伊豆大島で民宿を経営しているという。なにかの縁がという訳で、その人の島の宿に行くことになったのだ。

我々にはもうしわけないような食堂（自炊）、バー・カウンター、寝室がセットになった一軒家だった。

ベンゴシはみんなから「お前は法律以外のことだと役にたつなあ」としきりに褒められている。

「明日の釣りは、もう台風のうねりがきているので残念ながら出船はできません」と最終的に頼りにしていた釣り船から電話が入り、「おれはなんのためにここまで来たんだ」と岡本は本当に悔しそうだった。

船はだめになったが堤防はまだ波にもうねりにも耐えている。せっかくここまで来たのだからとにかくまあ堤防で陸っぱりでもしよう、ということになった。

## ベンゴシの供述

島の人は釣れないとわかっているのか、我々以外には釣り人は誰もいない。数千トンの船も横付けできる大きな堤防だ。

みんな思い思いの仕掛けで堤防のあちこちに散る。大型客船が出入りする島のメーン桟橋は左右に広くさえぎるものがないから、太平洋にむかってズドーンとでっかいコンクリート桟橋が飛び出しているようで、本来なら身も心も大きく飛び出していく気分になるが、でっかい曇天がひろがり、ひょっとすると今にも雨が降ってきそうという陰気な風景だ。

「あっ、これはもしかすると沖縄に行った西澤さんがどこかでおれたちに邪悪な最悪念波を送りだしているのかもしれないですね」

天野が言う。台湾遠征時期からドレイ入隊してきた似田貝が体重と食欲で百三十キロの天野にせまろうとしていたのだが、似田貝はこの半年で見る影もなく痩せてしまった。

聞けば最近、怪談専門文芸誌『怪と幽』というタイトルからして似田貝っぽい雑誌の編集長になってしまい、そのストレスで二十キロ痩せてしまった、と言うのだが、そういう世界のヘンなやつに呪われてやつれているのではないか、ともっぱらである。

大きく散開している堤防のあちこちはずっとシンとしたままで、陸っぱりにつきものの「やったあ」とか「ちくしょう」とか「どうだみろ」なんて声が一切聞こえない。

これは十数年前のあのメメズ浜ハリセンボン事件が関係しているのではないか、とおれはフト思うのだった。

一同「葬式釣り」みたいなことをしているとザコが軽自動車を運転して軽快にやってきた。出張キッチンカーとして堤防昼食を持ってきてくれたのだ。

堤防に電子ジャーとコンが前日に釣ってきてくれた新鮮カツオなどを並べたザコ料理長

最初の昼飯までにはどうあっても何も釣れないだろう、と考えたコンちゃんが出発前日に本土で釣ってきたかなり豊富なカツオとマグロをさばいて作った、おかわり自由の海鮮丼である。西澤がおきみやげにしていった長男「快」の初めての本格的な専属手伝いによるものだ。

手伝いは一番難しい二十人分の飯炊きからはじまる。飯炊きは雑魚釣りドレイの最初の関門で、ウッチーなどは最初はイシより固いガンダめし、二回目は蓋からお粥みたいなのがじくじくこぼれるどうにも始末におえないシロモノだった。

「快には今回ずっと料理を手伝ってもらったがとても気がきいていて、余計なことはしないし、先回りして段取りもできるし、有能なドレイでたすかりました」

ザコ料理長の合格点を貰った。

京セラはこの快が加わったことによってなんとなく昇格したかんじで、堤防の自由釣りに加わっている。地味ながらもドレイ稼業の次に釣り見習いと確実に成長している。

午後からまたやる気のない釣りを再開したが、めしを食ったからといっていきなり釣れ出すほど大島は甘くない。ふたたびの苦戦が始まったが、風まわりが変わったからか似田貝にいきなりアカハタが釣れた。

ベンゴシはスーパーでサバを買い、タンザク状に切ってエサにした。

「しかしいきなりそんなものを、と逡巡し、まずはコマセサビキだけやっていました。その姿は近くにいた天野さんたちが目撃していると記憶しています。でもコマセカゴがあっというまにカラになるだけだったので、どんどん移動していって堤防の突端まで行きました。そこでいよいよ胴付根魚仕掛けサバエサバージョンに変更。これがよかったのかすぐにピクンと竿先に反応があって、少し合わせると重めのヒキがあり、慎重にあげるとアカハタが竿先でバタついていました。そのようなわけでアカハタをあげたのはわたしです」

さすが弁護士だけあって描写が具体的だ。

釣り船が出なくなったショックからなのか岡本は小さいロウニンアジのみ、宍戸はタカノハダイ、アカハタ数匹、カサゴなど。三嶋はムロアジ数匹、快がサンバソウ（イシダイの子供）、アカハタ。そういうものを釣っているうちに夕方の冷たい風が吹いてきた。

## コロッケは大島にかぎる

自給自足が基本だが、桟橋から釣ったものだけでは大所帯（しかも怪獣的によく食うやつら）の夕食にはちとさびしい。コンちゃんが本土から持ってきたマグロもカツオも人気の食い物だから雑魚釣り隊ではめったにないワリアテというさびしい事態も考えられる。そこにベンゴシがこの貸し主から耳寄りな話を聞いてきた。島の反対側になるからちょっと遠い買い物になるが、大島名物といってもいいくらいうまいコロッケが売られているとか。

「大島までできてコロッケとは意外な展開だけど、コロッケを食いにやってきた、と思えばいいんでないかい」

おれは隣で海苔をなめている北海道出身の太田トクヤに言った。奴もコロッケ大好きだし。さっそく島南部の波《は》浮《ぶ》港にある鵜飼商店までコロッケ買い物便が走った。

ベンゴシは秘密のサバエサで良型のアカハタを釣った

一個六十五円だったらしい。それを四十個。おれが小学生の頃、コロッケは高級品だった。

小学校の近くにお昼になるとその頃あった「未亡人会」のこわいおばさんが臨時のパン屋さんをひらき、弁当を持ってこなかった生徒たちがいつもその前に並んだ。ジャムパン、ピーナッツバターパンなどがあるが、どれも包丁でコッペパンの真ん中を切って、そのどちらか一方にジャムやピーナッツバターを塗る。おばさんによって厚く塗る人と芸術的なまでに薄く薄く塗るおばさんがいて、生徒はみんなそれを知っているから厚く塗ってくれるほうに並ぶ。すると全体を見ている一番こわいおばさんが「みんな均等に並びなさい！」と怒るのだ。今思えばジャムなどを塗るおばさんたちに「民主主義の世の中なんだからみんな均等の厚さで塗りなさい」と怒るべきだった。

最高はコロッケパンだった。コッペパンの横を包丁でひらき、そのなかにコロッケを挟むのだけれど、コロッケ一ケとコッペパンではあまりにもバランスが悪い。ブルジョワの子はコロッケをふたつ並べたのを注文していたっけ。ぼくたちは大きなコッペパンの真ん中にバランス悪く一ケ入っているのを両手の指でコッペパンの上からしっかり押して全体に均等にいきわたるように創意工夫したのだった。

隊員もチラホラいる宿舎でハートランドを飲みながら太田トクヤとそんな話をしていると、生まれも育ちも北海道の彼は「海苔」が大きな願望で、アレさえあればなんでも食える、と言っていた。海苔が合うのは必ずしもごはんだけじゃなく、モヤシでもカイワレ大根でも煮干しでもなんでもおいしかったという。

　そういえば民宿などに行って朝飯のときに出る透明袋入りのしけた海苔などたいていみんなが残していく。彼はそれをポケットに入れて、そのあと入ったラーメン屋などでその海苔を出し、一人だけスペシャル海苔ラーメンにしているのをよく見た。みんなもそれを見ながら、「ああでないと新宿にビルなど建たないんだなあ」と感心したものだ（彼は繁華街に九階建てのビルを持つオーナー）。

　買い物隊が買ってきたコロッケは箱に整列して入っていた。まん丸でいい匂いがしている。おれはアチアチのこれ一ケでどんぶりめしいっぱい食える。それにはソースをダボダボにかけてほしいけれどね。

　そんな話をしているとザコが京セラと快を連れて厨房に入っていった。

　今夜は島野菜をつかったベジタリアン料理になるらしい。ザコが作るものだったらなんでもうまいから安心である。ザコはトクヤのために海苔も買ってきてあった。


（次回につづく）

雑魚釣り隊が結成して初めて訪れた伊豆大島に十数年の時を経て再び上陸！
少しは成長した姿を見せることができるのだろうか!?

竹芝から大島はジェット船でわずか１時間45分という近さ

堤防に到着してすぐさま竿は出さずに缶ビールを出すじいじいコンビ

大島名物の揚げたてコロッケ40個を持つ天野。隊長からすかさず「ひとりで全部食うんじゃねーぞ」の声が

宍戸はタカノハダイ（上）、岡本のルアーには極小ロウニンアジが（左）

# 伊豆大島、タイ風カレーのしあわせ

## ハートランド生ビールのお出迎え

最近の雑魚釣り隊は参加人数が増えて、地元の地形や行政のキマリゴトなどをよくわかっていない島への遠征などになると、どこをキャンプの拠点にしていいか、まずはその島に上陸して、それから情報を集め、キャンプ地（二十人規模だとかなりのテントスペースを必要とする）を決め、なによりも重要なおれたちの三度の飯をまかなう場所や食料品確保やカマドの準備などをしなければならない。今回の伊豆大島遠征のように二泊しかできない釣り行脚では、キャンプ地づくりだけで貴重な一日を使ってしまう可能性すらある。

そういうことが予想される場合、近頃あちこちで増えてきた「空き家」を一軒丸々借りてしまうことがよくある。島はどこも空き家時代だ。むかしの家は一部屋ごとが大きいし、カマドおよび台所が広くて立派で使いやすい。

「ハイ、こんにちは」

といって三和土《たたき》を上がって適当に部屋割りをし、荷物をほうりこめば、釣りキチたちは道具を持ってそのまま行ってきまーすなどと言って海方向に走っていく。実にラクチンなのだ。

今回もそうした空き家宿突入作戦でいくことにした。

初日の岡田港近くの「吉陽」という宿はなかなかよかった。全員どどどっと突入した。フロントにでっかいサーバーがあってハートランドの生ビール十リットル入り樽が二つ用意されており、我々は大変好感を持ったのだった。

しかしその宿は翌日別のチームの予約が入っているそうで、おれたちは翌朝から、元町港寄りにある「ボルカニックアイランド」という別の宿に引っ越すことになった。面倒だが仕方がない。ハートランドの生樽に別れを告げて翌日の宿舎に向かう。

そこはどうやら以前、そば屋を経営していたようなつくりで、料理長のザコは「いろいろあまりにも使い勝手がいいっすよお！」と不思議な表現でヨロコビの感想を聞かせてくれた。

## 似田貝の逆襲一気食い！

昨晩のコロッケまるかじりで元気をつけた隊員たちは、引っ越しを終えるとすぐ、堤防釣りを始めた。

宍戸アブラ人（何度か説明してきたがひさしぶりなので解説しておくと、アラブ人ではなくてアブラ人なのね。そう読んでください。アブラが大好きで大好きで食い物は全部アブラがらみがいいや、と額などを常にテラテラ光らせて宣言している）が、早くもショゴ（カンパチの幼魚）などをずんずん釣っている。その近くでブツブツ言っている三嶋は、外資系企業の早期退職に応募して、いくばくかの資金と、まだ若いパワーにまかせて自転車で日本をひとまわりしてきたばかりだ。絶壁道路からズリ落ちもせず、悪い女にもだまされず、無事帰ってきた。「釣れぬなら沈めてしまえ枕崎」とか「コマセなど必要ないの回魚だもの室戸岬」などと意味のわからない句を連発し、山頭火化している。

若い者頭《がしら》の竹田は「あいつどこかの木賃宿で郷土病の脳髄ズキズキ突っつき虫かなにかに刺されてバカになって帰ってきたんだ。やつに噛みつかれると伝染するぜ」と断言している。

そんなところにザコができたて料理カーをぶっ飛ばしてやってきた。

昨日に続き、炊きたてのゴハンと、コンちゃんがこういう貧困釣りのために、と本土から持ってきたマグロとカツオを刺し身にしてあつあつ白ごはんに好きなだけ載せてむさぼり食う、というザコ式怪物海鮮丼だ。さらにこの日は雑魚釣り隊名物の死に辛そばもついている。

即座に全員釣り竿もコマセ袋も投げ捨ててキッチンカーにクサフグのごとく突撃した。

新雑誌の編集長になった心労のため激痩せしたとか、胃が細くなったとかほざいていた似田貝の逆襲連続白飯ドンブリ三杯食いがはじまった。箸とドンブリを持つ両手は機械仕掛けの人形のように正確に交互に超スピードで動き、両目はすでに裏返っている。こいつがこういうトランス状態に入ると、親切心でもっておかずなどをやつのドンブリに載せた瞬間、「ウー！」という唸り声とともに噛みつこうとする。

「似田貝の手記＝全体の印象ですが久しぶりに堤防釣りができて本当に楽しかったです。ぼくの釣果はアカハタ二匹とヘンな貝が二個。なぜ貝が釣れるんだろう？　そして自分のことで申し訳ないんですが、雑魚釣り隊に参加しないあいだ心労でかなり痩せました。でもみんなから「呪いのノド塞ぎダニにとりつかれたな」とか「妖怪めしだらけが巣くってる」「痩せたおまえは生きる意味がない」などと褒められ、島では再び全力で食いまくり状態となり三日で六キロ増加しました。それでもおかわりはけっこう遠慮したほうです。」

## 新デッチ・快どんまたしてもお手柄

太陽がずいぶん高くまであがった。雑魚釣り隊メンバーの太陽ではなくホントの太陽のことだ。雲ひとつなく昨日よりはだいぶ天候がいいようだ。

元町港の堤防も昨日の岡田港同様、大きな船が横づけされるから幅も長さも堂々としている。堤防の尖端には小さな標識灯台があり、たくさんの釣り人で賑わっていた。

釣り部の岡本部長は堤防の尖端部分に行って電光石火の抜き撃ちみたいにルアー竿をびゅんび

ゅんいわせている。釣りキチらは海に出ると即座に頭のどこかがおかしくなってどんぶりめしを食うときの似田貝のように、両目を半白にさせて口の端からたらーりたらーりと唾液のひと筋ふた筋を流しているありさまだ。

やはりどう考えてもおれたちは奇病連盟といっていいかもしれない。

あいかわらず空前の力量を見せて宍戸アブラ人がタカノハダイなどを釣りあげている。ほかの連中は無意味に焦る。

さらにカゴカキダイ、カサゴ、ムロアジなどがあがってきた。あっという間に昼食から二時間以上が過ぎている。それほどの大物はないが、これこそどんな魚もいっしょくたに煮ればダシがでる、という雑魚釣り隊精神の王道をいくものだ。

その頃、宿では料理長ザコによって晩ご飯の準備がすすめられていた。

ザコには今回、ショカツ、京セラ、快という忠実な三人のなんでも手伝い係、まあ早い話が雑魚釣り隊伝統の最下位ドレイが「どんな下働きでもやりまっせ」といってザコのあとについて歩いている。むかしのドラマ『番頭はんと丁稚どん』を思いだした。デッチ名でいくと「ショカどん」「京どん」「快どん」である。

キッチンカーサービスの死に辛そばでは、四十人前必要なのにそばの分量をまともな人相手とカン違いし、二十人分しか用意しなかった。当然、「もっと持ってこい！」「全然たりねーぞ！」といった叫び声があがった。

その深い反省があって、ザコは「やはり夜は『飯もの作戦』でいく」と決定した。

飯炊きは今回も新人ドレイ最下層の快どんに命じられた。昨日は合格点を出したはずなのに再度命じるあたりが、いつもは優しいザコの本質的に厳しいところだ。

以前ウッチーがとんでもない水加減でサメも食わないガチガチ飯を炊いたときには、しばらく厨房出入り禁止を命じられた。

「あのなあ、米研ぎ八年、水加減九年、むらし六年と言われとるんやで。昨日できたからって、今日もうまくいくなんて思わんことや」

先輩ドレイのショカどんがお国なまりでしきりに脅かしている。

再びの大役を命じられたときから怯えている快どんは「あのえとえと、それだと全部足してもぼくの年齢ではまだ追い付かないんですが」と脅えつつ質問する。

「まあそれは……どこかで勘定ごまかしたらいいんや」

「ごまかすっていったって……」

偶然か奇跡か、快どんが炊いた二升飯はまたしてもふっくらとよく炊けていた。

「おまえは本当に優秀なドレイとしての素質がある」

ザコが本気で驚いていた。

「来年からどこかの会社に勤めるんだろうが、その職場がいやになったら、ほかべん屋の飯炊き部とか巨大運送会社の食堂で一日十五万食炊くという仕事もあるからな」

かつて飯炊き第一修業で失敗しまくった京どんが本気で感心している。

## アブラ人の竿がひかれて

夕方近くになっても小魚のヒキはけっこうあるのでそのまま雑魚釣り続行。

するとケンタロウの竿が弓なりになった。かなりのヒキらしい。苦労して巻き上げた竿の先には三十五センチぐらいの綺麗な赤い魚がかかっていた。ついに堤防からタイか！　みんなびっくりしかかったが、釣魚にくわしいコンちゃんが「それはホウライヒメジだよ」とすかさず教えてあげている。

オジサンの仲間を釣ったオジサンの図

そばにいた地元の釣り人も「オジサンの仲間だね」「でもそんなにでかいのは珍しいよ。刺し身にしても煮つけにしてもうまいよ」「その魚、ヒゲが生えているだろう。オジサンがオジサンを釣ったというわけだ」と、これが釣れると必ず出てくるジョウダンがかわされ、拍手パチパチとなった。

おれたちは堤防まわりに陣どっていたのだが、すぐ近くで竿を出している島の住民らしい老人らはひっきりなしになかなか魅力的な魚をあげていた。いつの間にか姿が見えなくなったルアーに呪われた岡本部長は、きっとどこか広いところで思いきり竿を振り回していることだろう。

この大きな堤防には陸に近いところに観光客のフェリー乗船のための大きな建物があり、売店や公衆便所などもそこにある。何もない小さな島の堤防などではしっこのほうに行っていつ背後から突風がやってきて海に落ちるかもしれないとやや脅えながら小便するしかなかった。

しかしこの大きな堤防はそんな心配もなしにちゃんとした建物で落ち着いてできる。

みんな三々五々、そこにかよった。ビールを飲みながら釣っているから頻度も多い。

アブラ人がそのトイレに行ったときのことだ。

彼は置き竿にして行った。それまでの自分やみんなの釣果の状態を見ての判断だろう。

そのアブラ人宍戸の竿がなぜかスルスル、カシャカシャと微妙な音をたてて海のほうへ移動していたらしい。みんな自分の竿やリールなどに集中しているからその異変に誰もちゃんと気がつかなかったらしいが、大きな竿とリールが勝手に移動しているようだ、というのは感じていたらしい。あれは一種のターミネーター現象か。いや自動的に竿が海のほうに移動しているように仕掛けられているのだ。そういうあたらしい仕組みなんだ。まわりのものはとりあえず何か対策をたてることもなくそういうふうに考えていたらしい。

そのままでいると宍戸のいかにも高そうな竿とリールは海のなかだ。それごと海にひき込むというサカナはそこそこの大物に違いない。

小便から戻ってきた宍戸が釣り座に座ろうとしてあきらかに困惑している。

「あれ？　おれの竿しらない？　ここに置いておいたんだけど」

「さっき天野のほうで見ましたよ」

ヒロシが言う。

「太陽がナンダロウ？　なんて言いながらジリジリ動いている竿をまたいでいましたよ」

竹田が言う。

「みんなして引っ張っているカニの大群を見ました」

ベンゴシが言う。

「こらあ！　真面目に報告しろ。誰か落ちていくのを見たはずだろう。あれだけ大きいんだからよお」

宍戸はついに本格的なイカリ声になる。

雑魚釣り隊はかつて新島の堤防で大きなサバの大群にかこまれたとき、その激しい入れ食いに全員アタマがパーになり、たちまち三十匹ぐらいかなり大きなカタのサバを釣りまくった。みんなで「サバダバサバダバサバダバ」と歌い踊りながらの村は大さわぎの爆釣だった。そのとき置き竿にしていた名嘉元の竿が大サバにひかれて海に落ち、大サバが竿も仕掛けも引っ張っていくのを全員目撃した。遠投のうまいコンがひかれていくミチイトに別の仕掛けをからめ、カウボーイのようにして見事にぜんぶ回収して事なきを得たのだ。

しかし今回は魚にひかれて流れていく竿や仕掛けを誰もまったく見なかったというのは事実らしい。

あきらめきれず宍戸は堤防のふちを行ったり来たりしていたが「ま、いいや」とオトコらしく諦めたようだった。

いつもたいてい最後には大物を釣る宍戸だけに、メメズ浜の主みたいな海中老人が右手に金の竿、左手に銀の竿を持って海面を割ってザバザバザバと出てくるようなどんでん返しがおきるのではないか、と本人もみんなも期待していたのだが……。

そんなふうにして事件はそれ以上オオゴトにはならなかった。

## アジアカレーでやっぱり村は大騒ぎ

その頃、ザコは三人のデッチを連れて今夜の宴会料理を仕上げるべく最後の買い出しに出ていた。そしてスーパーでいきなりココナツミルクを発見した。あまり普段は見ないものだ。これはタイカレーをつくれ、という島の神サマのご指示だ、とザコは確信し、第三デッチの快に「宿に帰ったらさらにご飯を三升炊くように」と命じた。

ザコには「もしかすると隊長に、コラア！　こんな黄色くないカレーをつくりやがって！」とオコラレルかもしれない、という一抹の不安はあったらしいが。

もうひと品は大漁の雑魚を使ったわが隊本命の『雑魚ダシのうどん』にしよう。うどんがあれば隊長はいつでも喜んでくれる。

いまや雑魚釣り隊最強となった厨房チームは分担してその夜のご馳走づくりに突入した。

その日の宴会は例によって深夜まで続き、大量のビール、ウイスキー、焼酎がガンガンあいて、カレーもうどんも絶妙の味だったから、まもなくともにカラになった。

夜更けに竹田が「ちょっと外にでよう」と言って堤防の上に宴会場所を変えた。ここならどんなにうるさくしても誰にもモンクを言われない。西澤が沖縄に去った今、竹田は十分彼のあとの「若い者頭」の貫禄がついたようだった。

今回はちょっとした後日談がある。

宍戸は仕事の関係で帰りは熱海に船で向かったのだが、仕事場に向かう途中のゴミ捨て場でキンピカのリールがついているまだ立派な竿が捨ててあるのを見つけた。イトがいくらかからんでいたが十分使える。神サマの贈り物、と思って持って帰った、というハナシである。

引っ越し直前の朝、寝起きのトクヤは最後まで飲もうとする隊員たちに次々と生ビールをついでやった

堤防先端の灯台下で思い思いに竿を出す。この穏やかな時間こそ島の醍醐味だ

山頭火化した三嶋は釣りでも意外性を発揮、赤ちゃんウツボとたわむれる

2日目の「空き家宿」も居心地抜群！　大島の「神様」も笑ってくれたようだ

ココナツミルクたっぷりのザコ特製タイカレーは、隊員たちの語彙力では表現できないくらい旨かった

ホウライヒメジやアカハタ、ショゴなどの刺し身に群がる親父たち

# 本場のカツオのタタキに息もたえだえ

## 土佐のカツオがおいで、おいでと言っている

長いことこういうシリーズをやっていて、しかもカツオが一番うまいうまい、と叫んでいると、それなりにいいことがあるもんだ。

せんだって高知県黒潮町にある明神《みょうじん》水産株式会社から「雑魚釣り隊みんなでカツオのタタキを食いにこないかね」という連絡があった。

この会社はカツオのタタキの売り上げ年商二十億円という大カツオ会社である。

「食います食います」じゃなかった、その前に「行きます行きます」。

連絡をうけたケンタロウは早くも逆上してそういう返事を連呼した。雑魚釣り隊といったら〝カツオ命〟の男ばかりだ。この話はその日のうちに全隊員にいき渡り、みんな行きます、行きますばかりだった。

ただし基本が「ご招待」なので定員の枠がある。早いモン勝ちで十人を決めることになった。早いモン勝ちにしないと遅れた奴の中からケンタロウに新宿三丁目の焼き肉をゴチソーする者が出てくる。「焼き肉のかわりにカツオのほうをひとつよろしく」「ふふふ。おぬしもワルよのう」で簡単に一枠決まってしまう。背後からケンタロウの首をしめる、という強行派も出てくる。「く、苦しい。わ、わかりました」で、これも簡単に一枠決まってしまう。

しかしおてんとさまは見ている。

当初予定されていた十月十一日出発の日にあわせて台風十九号が来襲。買収派も首しめ派も次に決まったスケジュールには仕事の都合で行けなかった。空いた枠はすぐにうまった。その中にはアラスカでこの計画を聞いて地団駄踏んでくやしがっていたマキエイがいた。

「アラスカはよお、サーモンばっかりで、カツオというものは一匹もいないのよ。できれば思いきり食いたかった」

当初はそう嘆いていたが、予定が先に延びたことによって無事一枠を獲得した。仕事が忙しくてなかなか日本にいられなかったヨシキ（小海途良幹）も偶然休暇の日にぶつかり一枠を得た。

そうして釣り部の岡本部長、コンちゃん、ザコ、それに竹田、京セラ、ケンタロウ、オレを合わせた九人が十月の最後の平日に高知行きの飛行機に乗れたのだった。行く予定にしていたサラリーマンチームはむざむざ空いている一枠を無駄にした。

で、まあ飛行機だから羽田を飛び出してしまうとすぐ高知に着いてしまう。すぐに二台の大型レンタカーに分乗する。四国の高速道路はすいているからすぐに待ち合わせていた「道の駅なぶら土佐佐賀」に到着してしまう。ちょうど昼飯の時間である。

　入り口では明神水産本社営業部、富岡健太課長と製造部の明神亮太課長がにこやかに待ってくれていた。

　おれたち全員ハラペコである。レンタカーの中で、昼飯は「道の駅」になるようです、とケンタロウから聞いていた竹田が「なんで道の駅なんかで昼飯なんだよ」とまたケンタロウの首をしめそうになったが「おい竹田待てよ。情報によると高知のその道の駅では、すごくうまいカツオのタタキ定食が食えるという話なんだよ。いててて」。

　第一そこが待ち合わせ場所になっているのだから仕方がない。丁寧にお迎えしてくれた二人の課長さんと挨拶し、おれたちはゾロゾロ食堂に入っていく。そのとたんに全員「おっ、あれを見ろ！」と立ち止まった。厨房の中が見えるようになっているのだが、そこではカツオの藁《わら》焼きの炎が豪快にあがっている。

　マキエイが恍惚《こうこつ》の表情だ。

「おれはわざわざアラスカからこれを食べるためにやってきたんだ。おお、カツオちゃん！」

　白い肌に髭面のマキエイが胸や腹をおさえて全身で悶えている。キモチワルイ。

　雑魚釣り隊でカツオを一番釣っているのはダントツにコンちゃんである。マグロ、カツオ、イカを釣りまくってきた人生だ。カツオのタタキも自分で上手につくる。レンタカーの中で「だから、おれの目や舌はちょっと厳しいよ」という顔をしていた。

　スポーツ新聞の専属カメラマンのヨシキはここ数年外国取材ばかり。しかも最近は彼の撮る写真にファンができているという。このヨシキの撮る羽生結弦（男子のフィギュアスケーター。五輪二大会連続金メダルのレジェンド）の写真がキャー！ステキっとファンのあいだで話題になり、テレビなどでも神の腕前をもつカメラマン、などと特集されるようになっているらしい。バカ呼ばわりされるのが多い雑魚釣り隊で神と呼ばれるのが生まれたことはすばらしい。その神もカツオのタタキの炎を前に「うまそう」と呟くばかりで、神の手で写真を撮ることを忘れている。その顔に神の面影はない。

　明神水産の課長さんたちにすすめられて我々は食堂の奥の予約席にわらわらと座った。座るとすぐにできたてカツオタタキ定食が出てきた。

「ここではみなさんに最近流行っているカツオのタタキを食べてもらいます。塩タタキです」

「うわあ！」という期待の声。ああ、予想はしていたがなんというバカうま！　これが本場のタタキ定食か。

　それぞれの目の前にどどんと置かれたカツオのヒトキレヒトキレがでっかい。くらくらする。ヒトキレがまるでカツオのレアステーキみたいだ。これを柚子酢と柚子ポン酢のどちらかで食べてくださいという解説。

　まずはそのまま何もつけずに丸かじりした。でかくて口の中におさまらない。九人はいきなり不気味なくらいの沈黙となった。口の中いっぱいにとんでもなく新鮮でうまいカツオが入っているので咀嚼するのにちょっと時間と顎の力が必要なのだ。

　まもなく「うー。ふんまい！」「あらはらふはふは」「はんなろ、ほのふはいのはあひひ」

　席のところどころからいろんな声が出てくるようになったが口の中がカツオでイッパイなので誰にも意味なんかはわはらないのれす。じゃなかったわからないのです。

## 釣る人、つくる人の衝撃の証言

（コンちゃんの感想）

　今年は八月一日から三カ月のあいだ十一回カツオ、キハダ釣りに行きました。カツオはもういいかな、というぐらい釣りました。たくさん釣って死ぬほど食って、妻はカツオでお腹をこわすようになりました。生で食べるとダメな体質になってしまったようです。それくらいの数を釣ったし食ったのです。今年日本でもっともカツオを釣って食った男はワタシといっても過言ではない筈です。

　そのワタシが一番好きな食い方は塩タタキです。そう、いま食っているやつ。だから土地がかわってもカツオはカツオ、と思って道の駅のタタキを食いましたが、その香り、みずみずしい感触はわたしが三カ月食べていたものとはぜんぜんちがいました。圧倒的にうまいのです。あっという間にたいらげてしまい、それでもまだいける！　という感じで正直驚きました。

　このコンちゃんは心優しい男で、ルートが近いからと釣りたてのカツオやマグロを帰りにぼくの家に届けてくれることがよくあり、そのたびに我が家は平和でゴーカな夕食になるのだ。だが、それでもその日のタタキ定食はコンちゃんの言うとおり別ものだった。

　この道の駅で出してくれたカツオのタタキこそが明神水産のカツオのタタキだった。

　ザコは雑魚釣り隊の二大料理名人の一人。彼のメモも思いがけない感嘆に満ちていた。

（ザコの感想）

「カツオの塩タタキ」を食べた瞬間に、これは衝撃的なまでに完成している料理なんだなあ、と激しく感激し、そっと目をとじ、自分の今日に至るまでのダダ永い（やや意図不明）時を思いました。口の中では天日塩のうま味がひろがり、炙られた香りが鼻から抜け、柚子はさりげなく寄り添い、内側の身はしっとりと弾け、ヨロコビはＭＡＸゲージを瞬間的に突き抜け、自分は四十三歳にもかかわらず何度目かの絶頂を迎えました。料理の大事な要素のひとつ、風味がここまでメインに来る料理はカッコよすぎます。

　ザコは仕事の半分がシンガーソングライターでもあるので、表現にぶっとんでいるところがあるけれど、本人の書いた感想文のとおり引用した。

## おどろきのカチンカチンカツオ

その足で明神水産の本社と併設されている工場のほうに行った。なんとなく想像していたよりもドカンと立派に大きな規模で、きわめてシステマティックにカツオのタタキの製品化がなされているのに驚いた。同時に細部にわたるまで真摯《しんし》にこだわっていて、たとえばタタキに使う塩は黒潮町内の天日干しの業者のものを使っているし、タタキをつくる上で重要な藁も自社の田で稲作をしているという。

そういう背景を教えてもらったのちにカツオタタキの製作過程の見学をすることになった。さすが食品を扱う工場だけあって衛生管理面からきっちりしている。

入場するには白衣に着替え、頭をすっぽり覆う白い帽子をかぶり白マスク。掃除機のような機械で全身のホコリと各自の心の穢《けが》れなどをそっくり吸いとってもらう。それから長靴をはいて消毒液のなかを歩き、とりあえず第一基本体形をとる。みんなでその恰好をながめあい、あまりの似合わなさに互いに指さし喜んだ。

最初の部屋は竈《かまど》があって二人の係がいる。一人は藁を燃やす係。もの凄い炎だ。もう一人は西遊記の一人が持っていたようなでかくて重そうな鉄の鋤《すき》のようなものを持ち、その上に冷凍されて見るからにカチンカチンのカツオが五、六本載っている。それを藁の巨大な炎が焼く。力強い光景だ。凍結したカツオだから藁の業火にたっぷり炙られてもまるでゆるぎもしない。

　無知なるぼくはこんなにカチカチに冷凍したカツオを焼いていたとは想像もしていなかった。

「ここで手作業で焼いているのはギフト用などに出荷するものです。お歳暮などの時期には半日で百キロぐらい焼きます」

　明神さんが解説してくれる。一般用のものはベルトコンベアシステムでつくられている。上下二段になったその機械は、上のコンベアに冷凍カツオ、下のコンベアには八百度もの高温で燃えさかる藁が置かれ、うまいぐあいにやすみなく動いていく。このシステムで半日最大三トンの藁焼きカツオができるというからおそれいった。

　焼かれたカツオは即座に真空パックされ瞬間凍結。出荷までマイナス五十度の冷凍倉庫で保管される。釣られてすぐに凍結され、八百度の藁に焼かれたと思ったら再び凍結されマイナス五十度の倉庫に収められる。そのカツオのタタキの気持ちを体感するためにみんなでマイナス五十度の倉庫に入ってみた。

　半ズボンで入ってきたザコは「ひええ」などと言っているが、アラスカから来たばかりのマキエイはさすが顔色ひとつ変えない。

「アラスカの冬はマイナス四十度をこえる日なんてしょっちゅうあります。倉庫の中に入って、そうかおれはふだんこんな温度のなかで暮らしているんだなあ、とカツオの気持ちになれました。

アラスカではクリスマスの日なんか酔って路上で寝てしまう人がいますから、翌朝路上でカチンカチンになった人をけっこう見ますよ。あれは八百度の藁の火で炙ってもダメでしょうなあ」

## 食ってばかりいては

明神水産ではカツオを伝統の一本釣りで釣り上げると、一匹ずつ瞬間冷凍していくため釣った直後の鮮度を食卓まで届けることができる。この方式だとアニサキスなどの寄生虫の心配はまず

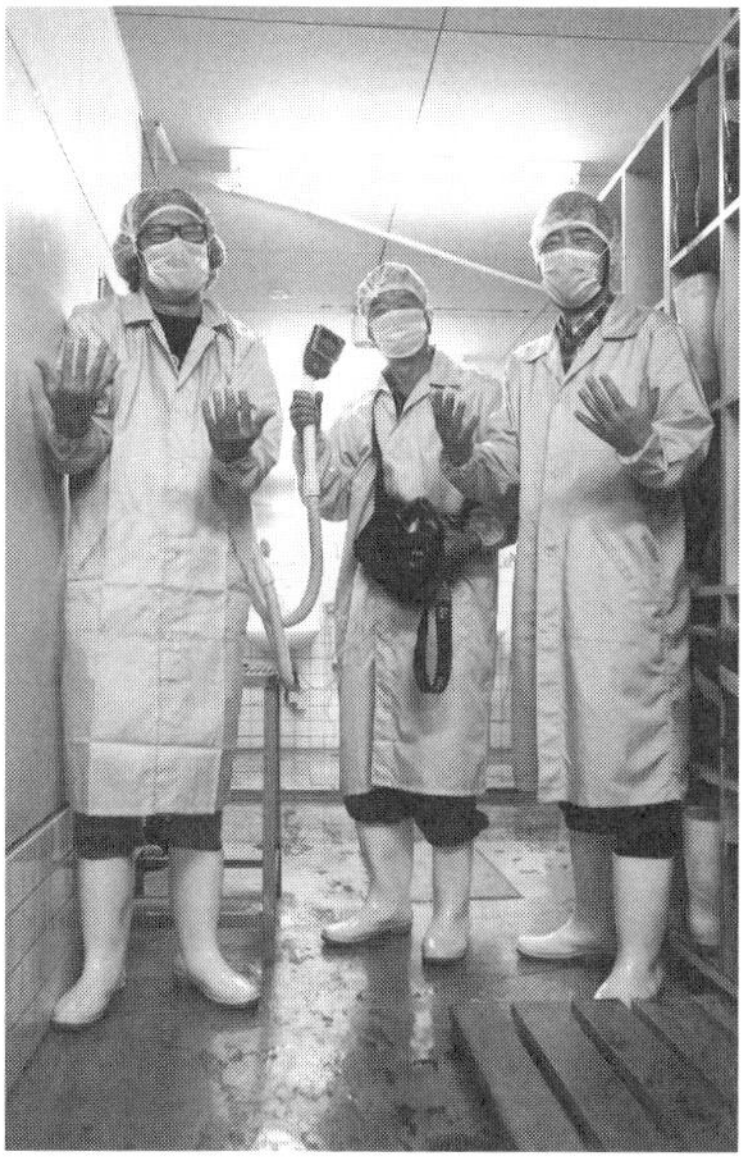

隊長（中央）が掃除機のようなクリーナーでみんなのホコリを吸い取る。それにしてもみんな残念なほど白衣が似合っていない

ない。

仕入れから製造、出荷までの流れをずっと見ていくと、カツオのタタキだけで年商二十億、ということもしっかり頷けるのだった。

我々はその日の朝から比べると信じられないくらいカツオについて詳しくなっていた。さらにカツオの味についても詳しくなった気がしていたのだが、これだけで終わりではなかった。

その日の夜、我々は宿の大広間に「ドガーン」とばかりに並んだ土佐の大御馳走を前にしていた。いろんな料理が全面展開されていてどれがどうなのかひとつひとつ覚えることができない。とにかくどれも東京ではお目にかかれない逸品で、同時にボリュームが凄い。土佐気質はもうお腹いっぱいで食べられないくらい料理を出す、という。

とくにこの宴席の真ん中には昼に食べた最近流行りの塩タタキとちがって、昔ながらのタレのタタキが本命主役然として光り輝いていた。

大皿に分厚いカツオのタタキをならべてその上にネギ、ニンニクをたっぷりと、そんな言葉があるのかどうか『覆いならべ』してあって、その上にタレがかかっている。

「塩もうまかったけどタレもうめえよお」いやはや底無しの胃袋怪獣の我々も宴がオヒラキになる頃は全員上を向いて会話している、という有り様なのであった。

あ、そうだ。こういう御馳走を繰り出されながら、我々は雑魚釣り隊であった。

岡本ヘンタイ部長をはじめとした釣り部の面々は夕飯を食べ終わってから明朝の釣りの支度を

上を向いたままやらねばならなかった。魚の王様カツオをこれだけ食えば普通のヒトならあきらめるのだが、黒潮の匂いを夜空に嗅ぐと手足が自然に動いてしまうというヤマイになっている連中だから仕方がないのである。

　腹を出っ張らせていても竿を握りたくて握りたくて全身の神経がおかしくなっているという状態になっている岡本部長はもとより、毎月どこかの海で竿を出している他の連中も、釣りの王国「土佐」にきてなにもしないでいる、ということだけは精神、骨格、イデオロギーがゆるさない。

　ケンタロウはそういう空気を察して、翌日朝から船釣りに行くことにした。明神水産の二人の課長も、本誌の連載を読んでいるからそのことを察知してくれていて、なかなか素晴らしいプランを用意してくれた。

　明神水産は社員の福利厚生を兼ねてプレジャーボートを保持していて、それに乗って四国の海の魚を存分に釣って下さい、と言ってくれたのだ。どこまでも心優しき南国の人々なのだろう。

　岡本部長にそのことを伝えると、いままであまりあからさまにしなかった釣り具一式を宿屋のタタキに広げ、翌日の黒潮でのタタカイ大作戦を釣り部のみんなに語っていた。

　ボートは近海で少し釣るパターンと、遠く足摺岬まで行くパターンを用意してくれた。最初から最後まで釣り気まんまんの岡本部長を舳先に立たせ、足摺岬まで行ったチームは大きなシイラを釣りあげて大満足した。この釣り騒動についてはいろいろ笑える話があったがその報告には原稿用紙がもう十枚は必要だ。

南国土佐の明神水産株式会社で日本一のカツオのタタキの作り方を見学だ！

【時計回りに】手作業で炙られるギフト用のタタキ。ベルトコンベアに次々と投入されたカツオは機械内で絶妙に炙られ、ひとつひとつ丁寧に真空パック詰めされていく

翌朝は早朝から土佐の海へ！
シイラがたくさん釣れたのだ

夜に食べたカツオのタレタタキは正に絶品！

# なんでかねぇと沖縄に

## 季節はずれの台風が……

雑魚釣り隊のワカイもんから何かと頼られるアニキ的存在だった西澤がかなり慌ただしく沖縄に逃亡的移住をしたので、雑魚釣り隊には一時風穴があいたような空虚感が漂った。世間をよく知る太田トクヤは「あれは女から逃げたね」と演歌のようなことを言っていた。

まあしかし、奴は奴で自分の来し方行く末を考えての決断の移住だったのだろうから、おれたちはみんなでかつぎあげるようにして東京湾の海に西澤を放り投げたのだった。彼は黒潮の強い逆流にさからってなんとか那覇に上陸し、グルクン（沖縄の県民魚のようなもの）となって新しい南島の人生に突入したようであった。

その新生活ぶりを確かめに行こう、というテーマでおれたちは沖縄遠征を決めたのだった。参加したのは十六名。

東京はそろそろ季節風が吹いてくる十一月下旬。「ハイサイ。こっちは例年にもまして暑い南風が吹いている日々さあ。みんなこっちに来るときは短パンにビーチサンダルだぞう」

妙に明るい調子で西澤からのメールが届いた。

ま、それを信じておれたちはいやが上にも南島の風に期待している。

しかし出発当日、羽田空港に集まった我々にまた西澤から連絡があった。

「相変わらずおまえらの中によくない考えを持っている奴がいるんだなあ。わざわざそんなものが来ない時期を選んだというのに、台風二十七号がいきなり発生してすごいスピードで沖縄目指してやって来るんだとよお。狙いすましてな。したがって明日の海は大荒れらしいけれどオレのせいじゃないからなあ」

十一月以降に沖縄に台風が来るというのは実に十五年ぶりだという。

それにしてもおれたちがどこかの島に遠征しようとすると、必ず台風がやってくる、という現象が何度もおきている。当然ながら台風の気配なんかまったくない東京では「そんな情報は無視してヒコーキが飛ぶかぎり行ってしまおう」という突撃方針になった。

西澤にそう伝えると「ふーん。来るなら来いや。ただしお前らが来ても釣り船は海に出られないからな。出てもどうせお前らには慣れてない海だ。釣り竿なんか邪魔になるだけだからみんなそっちに置いてこい」と返答してきた。

雑魚釣り隊の釣り部、岡本部長は「大丈夫。台風の海でも風裏をめざせばいいんだ。行けばなんとかなるよ」と、毎度ながら毅然としたいきあたりバッタリのタイドだ。

すると西澤はハナでせせら笑うように、「ふーん。じゃあ来い。今入った情報では大雨予報八十パーセントだからな。沖縄をなめんなよ」。

「釣りには雨は関係ない。おれたちは絶対行くぞ。台風が怖くてポーク玉子が食えるか！」

岡本は最後に謎の言葉を残した。売り言葉に買い言葉で、行く前から両方まるでケンカ腰になってしまった。だからアホバカ釣り団とも言われているのだ。

一日前に沖縄に先乗りしていたコンちゃんから連絡があり「確かに降水確率は八十パーセントだけど風裏のエリアに行けば釣り船は出るから大丈夫。温度はナマアタタカイから短パンはやはり必要だな」という話だった。

条件付きだが飛行機も飛ぶようだ。

やれやれと本気で胸をなでおろしたのはケンタロウだ。なにしろ島への遠征というとなにかとケンタロウがらみでトラブルがおきるのが通例だったからだが、今度は状況から見てもケンタロウに罪はない。

先乗り組はコンのほかに竹田とドウム。三人は昨夜すでに西澤と会って居酒屋、おでん屋、深夜食堂とハシゴし、西澤は三人に「よく来たなあ」と上機嫌だったというから言っていることとタイドがまるで違う。

「豚足がうめかったよお」

と、竹田から別のメールが届いていた。三人は西澤の新住居（一ルーム）に雑魚寝し、その日の朝、冒頭のやりとりのあと本隊が来るというので大型レンタカーを三台借りて那覇空港に迎えに出る、というわけなのだった。

## 万能言語だっからよお

　那覇空港から高速道路で釣り部（岡本、コン、太陽、ケンタロウ）の四人は釣り船がでる本部《もとぶ》方面にむかい、あとの二台は名護方面にむかった。釣り部の支度はなにかと時間がかかるので、ここではとりあえず本隊の行動を先に書いていく。

　西澤はあれだけケンカ腰だったのに、空港でみんなを出迎えるときは嬉しそうだった。すでにところどころ沖縄おじいの話し方になっている。

　沖縄には便利言葉がいっぱいあって、どんな場合にも使える超万能言語は「だっからよお」だ。ほかにも「なんでかねえ」「しらんさあ」「こわいさあ」「で、あるわけさ」などいっぱいある。

　中でもやっぱり「だっからよお」が基本で、これをマスターしておけばたいていの場面で生き延びられる。たとえばこんな場面。

　上司「こらあ、また遅刻だな。お前はどうしてそんなに遅刻が多いんだ？」

　本人Ａ「だっからよお」あるいは、

本人Ｂ「なんでかねえ」

妻とのあいだでも便利に使える。

妻「あんた浮気してるでしょ！」

本人Ａ「だっからよお」

どれも答えになっていないけれど、これでなんとかなる。

妻「なんで浮気ばかりすんのよ」

本人Ｂ「なんでかねえ」

時間的に昼食頃だった。

西澤の案内で有名そば屋「宮里そば」に寄っていくことにした。忘れていたがぼくはここには二、三回来ている。広い駐車場。広い店内。のんびりした沖縄空間。ゆっくり流れる沖縄時間。すいている店内に適当にすわって「三枚肉そば」六百円、「ソーキそば（豚のあばら肉）のっけ」六百円、「コンブそば」四百円などを食べる。内海、ドウムなどはそれに「カレーライス」四百円も注文していた。その組み合わせが実にうまそうだった。

食後、公園に移動。そこで目の前の南の海を眺めたりしつつ名嘉元が来るのを待っていた。彼は本部港から連絡船で三十分の伊江島の出身で、おれたちより一足早く故郷に顔を出していたのだ。

その日の料理人チーフとなる名嘉元が、この後、市内の市場など回って買い出しをすることになっている。

## 岡本がロウニンアジを！

その二時間ほど前には釣り船の出る浜崎漁港にいた釣り部のめんめんは、近くの釣り具屋さんで海の状況と沖縄の魚の考えなどを聞き、餌を買って「よおしやるぞう」とまなじりをつり上げていた。

釣り船の名は北斗。船長は古堅さん。「今日はおひさまは出ないけど、雨も降らんさあ」

今回の釣りは岡本がいつものようにジギング（ルアー）、コンと太陽がタイラバ（これもルアーの一種）、ケンタロウがテンヤ（オモリとハリが一体になっていて餌にエビをつける、というゴーカなもの）。それぞれ仕掛けが違うので最終的に釣果を競うにはなかなか興味深いとりあわせとなった。

二十分ほどで最初のポイントに着いた。水深二十メートル弱。そのまま流していくと太陽とケンタロウが同時にヒット。なにかいいことがあるとたちまち逆上するケンタロウと、いいことがあってもその先を考えて沈み込みやすい不思議な反応をしめす太陽が同時にムルーという同じ魚を釣ったのだ。大きさも同じで二十センチぐらい。これがなにかいいきざしなのか、あるいはよくないまえぶれなのかまだわからない。

船長に聞くとフエフキダイ系のうまい魚だという。ふたりに少し遅れて岡本がクチナジ（これもフエフキダイ系）を釣りあげた。

「台風で心配したけど、海の状態が思ったよりいいから、もう少し大きいのが狙えるポイントに行きましょうねえ」

この「行きましょうねえ」という言葉づかいも沖縄の親父さんに共通する言いまわしでたいへんやさしくていい。

ずっと以前、はじめて沖縄に来たとき空港からタクシーに乗ったら、運転手さんがクマゴロウみたいに巨漢の髭ぼうぼうの人で、なんだか恐ろしかった。行き先を告げると「わかりました。では行きましょうねえ」とまるでカン高い声で、しかもやさしく言うのでちょっとびっくりしたことがある。「行き」にアクセントがかかる。

次に移動したポイントは本部港と名嘉元の故郷である伊江島の中間あたり。水深は四十メートルぐらい。

「海底がかけあがりになっていてどんどん浅くなっていくからねえ」

伊江島は島のほぼ真ん中に岩のタワーのような鋭い突起があって非常に特徴的だ。寝ているヒトがチンポコを立てているようにも見えるので、以前一週間かけて沖縄をひとまわりするルポを書いたとき、その島をチンポコ島と書いたらあとで島の人に怒られた。

正確には「城山」といい、「タッチュー」という呼び名が親しまれている。標高百七十二メートルの神聖な山で、灯台を登るような階段があってワッセワッセと登っていくと、けっこう広い石だらけのてっぺんに着く。そこで四方八方の海原を眺めながら冷たいビールを飲むのはたまりません。

あたらしいポイントですぐに竿を弓なりにしたのは岡本部長だった。かなり強いヒキのようだ。

「ゆっくりで大丈夫だよお」と船長。

リールをギリギリいわせてやがて水面に姿をあらわしたのはロウニンアジだった。関東ではなかなか釣れない立派なオサカナだ。成長すると百八十センチ。八十キロぐらいにもなる。かつて雑魚釣り隊がバリ島で行われた釣り大会に招待されたとき、海仁がこいつのでっかいのを釣りあげたことがある。

しかし船長は、でかすぎるとあまりうまくないので、そのくらいのサイズが一番いいよ、と嬉しいことを言ってくれた。これで本日の宴会の刺し身がまず確保できた。

ポイントを移動しながらそれぞれ着実に獲物を釣りあげていったが、なぜか釣り名人のコンには何もかからない。

コンちゃんはそういうときはしきりにぼやく筈なのだが、なぜかその日はゆったりした顔でみんなの釣果を眺めている。

「いいなあ、南の海は。西澤さんの言うことを無視して本当によかったよなあ」

三年前に結婚してコンもそれなりに成長しているようだ。

流し釣りなので船長も竿を出しているが、小魚しかかからない。

「またケンタロウのチンポコみたいのがかかったさあ」

船長はケンタロウと早くも親しくなっていた。

「ぼくのチンポコ見たことないでしょう」

ケンタロウが口をとがらす。

「だっからよお。チンポコの大きさはそいつの顔見たらだいたいわかるのさ。大きいわけないさあ」

岡本が釣ったロウニンアジ。このくらいのサイズなら刺し身も旨いぞ

　そんなアホな話をしていると、いきなりそのケンタロウの竿にすごいヒキがきた。

「あせるな。それはチビチンポコだ。このあたりはシロダイが釣れるからたぶんそれだ。でもうまい魚だからよお」

　チャンスに逆上しやすいケンタロウだが、その日は「勝負！」と気をひきしめていたらしく、強いヒキとのやりとりに集中している。やがて「こういうのが釣りの醍醐味」とばかりに力の弱った獲物が海面にあがってきた。

船長の言うとおりシロダイだった。

　タイと言っているが正式にはこれもまたフエフキダイの仲間で、最近は関東でも人気があるメイチダイに近い種である。鹿児島以南ではたいそうな高級魚らしい。

「小さなチンポコのわりにはやるなあ」

　船長はまだ言っている。

「だっからよう」

　これで今夜の刺し身の種類がまた増えた。

## アグー豚二・五キロではまだ足りない

　釣り部隊が奮闘している頃、名嘉元を先頭に買い出し班のめんめんが行列をつくって「ＪＡファーマーズマーケットはい菜！やんばる市場」の中をゾロゾロ歩いていた。地元出身の名嘉元は、沖縄のうまいものをどんどんカゴに放りこんでいく。ゴーヤ、ウリ、一束百二十円のサンチュをどっさり。続いて名護の有名肉店「フレッシュミートがなは」ではアグー豚二・五キロを購入。名嘉元はまず今夜はサムギョプサル宴会にしようと考えているようだ。しかしアグー豚はうまいので雑魚釣り隊をコーフンさせ、あとで量が少なすぎる、ということが判明するのだが。

　今回我々の合宿の場所は「リエッタ中山」というコンドミニアム式のリゾートホテルだった。

高台にある綺麗なビルで、小汚い我々は簡単には近づけない佇まいだ。

八十平米を超える大きな部屋がふたつ。まだ新しいので什器も設備もピカピカだ。魚臭い雑魚釣り隊が入り込んではいけないのではないか、という自制心が頭をかすめる。かすめるだけでみんなどんどん上がりこんでいるのだが。

今回の参加者はすでに書いている奴のほかに太田トクヤ、ショカツ、あつを、ウッチー、タカ（わざわざアメリカから来ている）、京セラ、などである。まだ来る奴もいるらしい。

部屋の外側をぐるりと取り囲むように幅二メートルはある屋根つきのテラスがあって、自制心がもっとも強い人はそこに個人テントを張ったら中を汚さなくていいのではないかと思うほどだ。思うだけだが。

事前に西澤から那覇の近辺には我々の求める大人数の自炊合宿ができるような宿がなかなかないのと、釣りの起点になる港のことなども考えると、南の糸満や南城などに下るか、北の名護に上がるか、という選択肢が提示された。やはり元雑魚釣り隊幹部が地元に住んでいると、事情がわかっているだけに話が早い。

この西澤のあとがまとなった竹田はフットワークが抜群にいい。さっそくあちこち連絡をとってこのホテルのオーナー安里博樹さんに直談判した。泊まれることになってもおれたちの泊まるタイドにあきれて途中で追い出されるのは辛い。そう考え、竹田はいろいろ正直にこっちの状態を話しておくことにした。

「えーと。我々はどこに出しても恥ずかしいＴシャツ、短パン姿のおっさん二十人くらいの団体です。自炊して夜は宴会になります。みんな破滅的に飲みます。特に隊長がいちばんバカみたいに飲みます。ジジイのくせに朝まで飲みます。それでもいいですか。心配でしたらすぐ引き下がります。いま引き下がります」

「問題ありません。むしろ大人数で滞在していただきたくてこういうリゾート施設を作ったんですから」

社長は人格者だった。

さっそく部屋割りをしているところに関西からいろいろ乗り継いで、さんぼんがわ（川野）がゾンビ歩行であらわれた。

「おお、きたのか。痛風出てないか」

彼は慢性全身痛風という不治の病をおして参加してくる偉い男だ。

「いま膝のあたりにきてますわ」

「なんでなかなか治らないのかねえ？」

「なんでかねえ」

南島合宿が始まる。

（次回につづく）

空港では西澤がレンタカーを用意して陽気に迎えてくれた

台風も大雨予報80パーセントもなんのその。曇天の海へ釣り部出撃！

東京の寒さから逃れ、雑魚釣り隊は南の島へとやってきた

焼いた山盛りアグー豚（右上）を適当な大きさに切ってサンチュで巻けばサムギョプサルの一丁上がり（右下）。沖縄の定番であるポーク玉子（左上）に絶品釣魚の刺し身（左下）も並び、初日から豪華食卓となった

「なんでおれたち沖縄にいるんだっけ？」さんぼんがわは大阪、名嘉元は伊江島、タカはワシントンからやってきた

# やけくそのイカダ釣り

## 沖縄三大うまいもん

わしらには少々釣り合いのつかない高級そうな「リエッタ中山」というコンドミニアムは、沖縄の名護市街から少し北の山中に行ったところにふいにある。そこでわしら十六人のどしゃめしゃ合宿がはじまった。

初日は晴れたりスコールだったりする中を、岡本を隊長とする四人の先発突撃隊がほぼ半日かけて南の海を攻め、ムルー、クチナジといったフエフキダイ系のそこそこ型のいい魚を十二匹、さらに沖縄の県魚とでもいうべきミーバイ（ハタの仲間）を三匹、シロダイ一匹、大きなロウニンアジ一匹。約二十匹の釣果を得てきた。それだけあれば夜の宴会はまあなんとかなる。

魚以外の肴もその日厨房に入って料理長をやっている名嘉元が地元の食材をいろいろ仕入れてきており、まだ日の暮れないうちから沖縄ならではのものをじゃんじゃん作っていた。彼は新宿三丁目で「海森」という琉球居酒屋を経営しているから、そういうものを夕食前に作るのはお手のものだった。

　まずは沖縄のどの家庭でも作る「ポーク玉子」をいっぱい作り、どかんどかんとテーブルいっぱい並べていた。当然のごとく海に出ずに留守番をしていた連中がまずはオリオンビールをプチプチあけて乾杯していた。ポーク玉子は名嘉元の店の定番であり、みんなよく知っている。

　ここで中途解説しておくと、沖縄はどうもむかしから大食いの国らしくそこらの食堂に行ってもコンビニに行っても、やたら盛りがいい。いい例がコンビニの弁当だ。四百円ぐらいと安いのに、これでもかこれでもか、というぐらいにおかずもめしも大盛りだ。それを見ると内地のコンビニはお上品というか気どりやがって、と言わざるをえない。

　いまはわしも歳をとって沖縄弁当のあまりにものすごいボリュームにもはやついていけないが、若い人などはそれらを見てつくづく安堵（イブクロがね）しているようだ。

　沖縄の三大うまい食いもの、というと選ぶのに苦労するが、まずは「沖縄すば」（そばでもうどんでもなくやはり〝すば〟とよぶべきもの）だ。すばは昼飯と夕飯のあいだや泡盛をしこたま飲んで寝る前に食うべきものだ。たいてい路地裏なんかでおばあが作っている。丸椅子が三〜四個置いてあり、そこで待っているとおばあができたてのを持ってきてくれる。たいていおつゆのなかにおばあの指がどっぷり入っている。

「おばあ、どんぶりに指が入っているよ」と言うと、

「だいじょうぶ。熱くないさあ」
という答えがかえってくる。

もうひとつ「ゆしどうふ」はできたての豆腐がまだかたまってないやつで、豆腐おかゆみたいなものだ。人気店の店先には長椅子が置いてあって、待ちきれない人はできたてのをどんぶりに入れてもらい、それに軽く塩などふりかけてスプーンで食べる。これはしみじみ豊かにうまい。とくに二日酔いのときなどたまりませんな。

もうひとつは「ジュウシー」だ。今はコンビニにも置いてあるけれどぼくが沖縄に行きはじめた頃はそこらのそうざい屋で沢山並べてあった。豚のゆで汁の炊き込みご飯をおにぎりにしたもので、これを三〜四個買っておけば海でも山でもずんずん行ける。まるで桃太郎だ。海に行けば魚がついてくるし山に行けばハブがついてくる。

やんばるのほうに行くとうっそうと繁るジャングル地帯になり、そういうところで「くわずいも」の葉を見つけると悲しくも嬉しくなる。サトイモの葉を十倍ぐらいにした巨大な葉をいくつも繁らせ、根のほうに細長い根塊がある。でもそれを食うと根の毒にやられてひどいことになる。ふいに雨など降ってきたらその大きな葉はリッパな傘がわりになるが、切断したあと注意しないと流れてきた樹液でうるしかぶれのようなものを起こしてえらいことになるらしい。

北原白秋がこれを見たら「くわずいもほど悲しいものはない。こんなにいたずらに大きくなってもなんの役にもたたず山の緑のなかにゆれてただよう」などと哀惜の思いをうたってくれる筈だ。

## 戦いの食卓

釣り部隊とその獲物がいちどきにどかどか帰ってきた。間もなく美しくも静かなリエッタ中山はおやじどもの怒号に満ち溢れた。厨房ではどんどん名嘉元の手下となって「なんでもやります」というドレイたちが片手に持った出刃包丁をふりまわしているからあぶなくてしょうがない。

雑魚釣り隊のドレイたちは釣りばかりではなく、その獲物をさっさと捌くように育てられている。リーダーがしっかりしてさえいれば統制がとれて作業も早い。その原動力は全員共通の「早く食いたい」というシンプルなものだ。

名嘉元はもうひとつの沖縄定番簡単食「ソーミンチャンプルー」を手早くつくり、出刃をふりまわして焦っているドレイたちの殺気を収めた。ソーミンチャンプルーは簡単にいうといったん茹でたソーメン（地元ではなぜかソーミンと発音する）をラードで炒める。ここにゴーヤや豆腐を混ぜてあわせるとそれだけで「御馳走」の風格をもってくる。

その日の厨房にはタカ、あつを、ショカツ、京セラ、太陽、ケンタロウが名嘉元料理長の指揮下に入っていたのでいろんな料理が次々に出てくる。その日の獲物である魚はどんどん刺し身やマース煮（塩煮）にされ、二・五キロのアグー豚が焼かれて出てくるとそれはサンチュにくるんですぐさま食われる。

テーブルに並べられると厨房にいる奴が真っ先に食っていくので、何もしないでビールや泡盛を飲んでいたおれやトクヤらもテーブルの縁にもぞもぞ這いよってアグー豚などにアグーと噛みつかなければ出された料理は瞬時のうちに消えていく。

夜の更けるのよりもおれたちの食う勢いのほうが激しく、ところどころではアグー豚を箸でひっぱりあう、という醜いタタカイも行われていた。料理も泡盛も「ウーッ」とか「ウガア」などという音をたててテーブルの上から消えていった。食う前も食っているときも阿鼻叫喚という近所迷惑なおれたちの夕食なのだった。

## 泥穴から釣る方法

翌日の釣りは天候次第、ということになった。前の晩の天気予報は「大雨、強風」。

「沖縄の大雨といったらなあ、ヒトが海に落ちたらその上を叩き、ヒトは海から船に戻れなくなるぐらいのことをいうのさ。明日はお前らもとうとう駄目だな。海や泥の中にめりこんでどう竿をふりまわすんじゃあ。まあヤマトにいたときは、おれがなんとか守ってやっていたが、もうそういう無駄な力をふるいたくない。だから諦めろ。沖縄の人はみんなして黙っているけれど、これまで無理して沖に出ていって帰らぬ釣り人になった人が何人もいるんだ。おめーら沖縄の雨をなめんじゃねーぞ」

西澤がさんざん脅しにかかっていた。

「雨で海にめり込むって、どんなぐあいを言ってるんれすか」

ケンタロウがややロレツのまわらなくなった声で聞く。

「だっからよお」

早くも沖縄化している西澤は頬に笑いを浮かべて余裕で応える。

「言葉のとおり、降ってくる雨でおめーらのアホ頭と体が海にめり込んで船にあがれないっていうこっちゃあ！」

「ありえねえ。ここはギドラココリアスの巣ですかあ」

太陽がめずらしく上役に反抗的な声をあげる。太陽は内地にいたときはもっとも西澤に忠実な子分格だったから、これは反乱だ。もっともギドラココリアスってなんなんだ。

「じゃあおめえ、明日スコールになったら真っ先に外に出てみろ。豪雨にみまわれたインドネシアやスマトラなんかの人々が泥に首までつかってもがいているのをテレビニュースなんかで見たことがあるだろう。あれだよ、あれ」

西澤が前のめりになって両手をふりまわし泥をかきわける様子を見せ、さらに吠える。

「いいじゃねえか。泥穴のなかからどんどん竿ふりまわしてやろうぜ」

西澤が沖縄に逃げ、そのあとがま（若いもの頭《がしら》＝副隊長）に昇進した竹田がドデンと兄貴分に反乱する。

みんなしこたま飲んだ泡盛で我を失っているのだ。だから面白い。隊長であるおれはそういう次元の低いタタカイは放置し、そのあとのバカ論戦を聞いている。

「じゃあ隊長はどうなんだ。雑魚釣り隊隊長といいながら今日は海に出ず、こういうココチのいい部屋でビール飲みながら麻雀、チンチロリン、オイチョカブに時と身をやつしていたというじゃないですか」

誰かが言う。

「そりゃあ留守番だったから仕方ないいんじゃないんですか」

誰かが言う。

「暇なら暇で台所やこういう居間の掃除とか人間としてやるべきコトがあるんじゃないんれすか。公務員としての立場はどうなるんれすか」

おれは公務員だったか。みんな相当酔っているが死ぬ覚悟で言っているのがわかる。ドレイの反乱だ。

思いがけずおれに槍とか弓がむかってきている。ヤクザ組織だとここらで分裂だ。関東雑魚釣り隊。沖縄雑魚釣り隊。

黙っているのではシメシがつかないから、なにかヒトコトでこいつら酔っぱらい反乱軍を黙らせる方法はないか。むかしの東映映画を思いだした。タカクラケンが来ないうちになんとか言っておこう。

「わかった。明日な、海や地面にめり込みながら魚を釣った奴に十万両、じゃなかった、十万円を褒美にとらすぞ」

翌日の豪雨をみこしての我ながら姑息な逃げ口上だった。

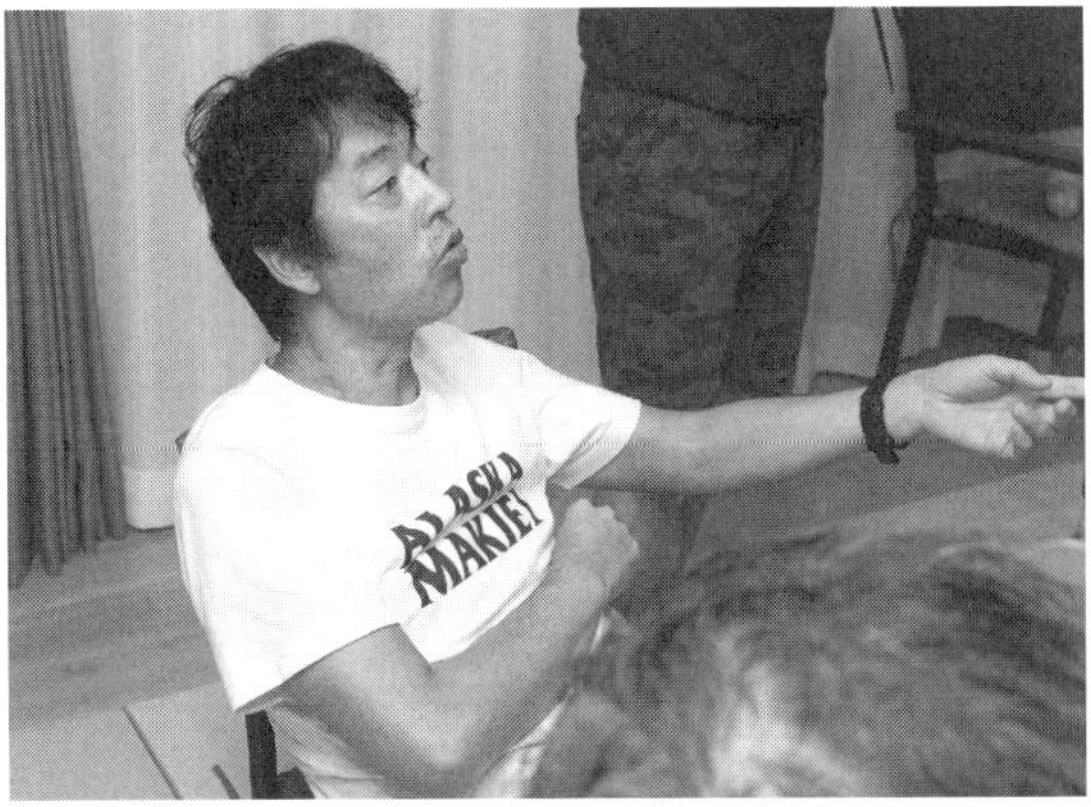

「おめーら、絶対に海にめり込むからな！」
酔った西澤の脅しが部屋中に響き渡る

## イカダが待っていた

二日目の釣りは本部の海上にあるイカダの上からだった。イカダといっても広さにして八〜十畳ぐらいの大きさのものがいくつも繫げてあって、渡し船でそこに乗り移り、好きな場所を見つけて竿を出すという昨日の白波蹴立てて南海を突っ走っていくのと比べるとお子様楽園的、というか海にきたついでとでもいうか――。一人三千円というから高いか安いのかは釣れる魚によるだろう。

それでも陸から船で十五分くらい沖に出るので、陸《おか》っぱりよりはもしかすっと大物を釣りあげられるかも知れない、という「もしかすっと型」のしつらえだった。

イカダ渡しの案内所兼料金徴収所の小屋で金を払う。希望者には大型のクーラーボックスやタモ網などを有料で貸してくれる。我々の前に一グループがきていて三十分ぐらい前にイカダにむかった、という話をきくとますます「もしかすっと！」という期待が足もとから胸のあたりまではいあがってくるのだった。その小屋は「海生活」というなかなか気のきいた名前がついていた。

昨夜の西澤の脅しはまたもや外れて高曇りながら雨の気配はない。まして海中や地面にめり込むーなんて昨夜はみんな酔っていたから結構真剣に議論していたが、泥海と化してもそんなコトになるわけがない。おれたちはすぐに集団催眠に追い込まれやすいのだ。

さわやかな海風に吹かれて、いかに海風波濤がすさまじくなろうともめり込むーなんてことになるわけはない、という大人の分別というものがやっと体の奥から生まれてきている。ただし屋根もなにもない海上のイカダで強風を伴うモーレツなスコールがやってきたら海の中に落とされる、という事態はおきそうだ。

口数の少ない船頭さんにイカダに渡してもらい、むりやりヤル気を全開にして釣りの支度をする。

いくつかのイカダは太いロープで繋がれており、渡りの板もあり、自由にあちこち行けるようになっている。大きな屋根のついた休憩所のような造りになっている大型イカダは先客が八人ぐらいいて竿を出していた。

「なにか釣れますか？」

コンちゃんが大きな声で聞くと返事がない。なんて無愛想な連中なんだ、と気色ばんだところでその中の数人が手真似で「日本語ワカリマセン」という合図をしてきた。どうやら中国人のようだ。

「彼らの釣果を聞くよりも、早く自分たちの仕掛けを作り、いい釣り場を確保するほうが大事だよな」

誰かが大発見のようにして言った。「そうだった」それぞれ好きな仕掛けを用意する。

サビキ班はコン、タカ、童夢、ウッチー、名嘉元。エサ釣り班はあつを、京セラ、ケンタロウ。ルアー班は岡本、太陽。

このイカダ釣りの主な獲物はタマン（フエフキダイの仲間で沖縄の魚の代表格）、グルクン（これも沖縄魚の代表格）らしい。

各班いっせいにスタートとなった。

みんな我こそは一番乗り、を胸に抱いてイカダのあちこちで竿を出す。

そうしてたちまち一時間経った。屋根つきの中国人チームで一度歓声があがった。赤い小さな南国ヒラヒラ魚のようだった。

「あいつら全員シロウトですね」

童夢がヒラヒラドレスの魚をヒラヒラさせている中国人にケーベツ光線を送る。

開始して二時間。釣りをしつつ写真を撮る役目のウッチーはどちらかというと何も釣れない釣りを諦め、写真を撮るために誰か釣れるのを待ち構える恰好になっている。

ケンタロウが「内海さん、さぼってないでいい写真をお願いしますよ」と大声で言う。

「写真撮れって言ったってまだ誰も釣ってないじゃないですか」

三時間経過した頃、誰かがイカダのはしっこでカニを見つけた。五センチぐらいのチビガニだ。すべてに飽きてきた童夢と京セラが借りてきた大タモでそのチビガニを追いはじめた。ウッチーがやる気なくそのお子様遊戯を写真に撮る。

小ガニは三匹ほど捕まえたが、茹でて食うほどの大きさでもなく数でもない。三十分ぐらいでその座興も終わった。

四時間たった頃、ポツリポツリと大きな粒の雨が降ってきた。陸地で留守番している西澤の嬉しそうな顔がみんなの目にうかぶ。それまでくっきり見えていた伊江島が黒雲に隠れてまったく見えなくなっている。

「これはどおーっとくるかもしれないぞ」

「どうする?」

「あの中国人のイカダにいくか」

みんなでヒソヒソやっている。そんななかでいきなりすんごい雨が降ってきた。

「南の島のスコールなんて十五分ぐらいのものさ。すぐ太陽が出てくるから濡れてもたちまち乾くからなんくるないさあ」

名嘉元の意見には説得力がある。何人か屋根つきイカダのほうに逃げた。岡本だけスコールなんか気がつかないようなそぶりでルアーを振り回している。見事な根性、というかアキレタというか。あとの能無しどもは黙って突っ立ってスコールに叩かれ頭からパンツまでじっとりグジャグジャになっている。

カメラの防水に苦労しているウッチーが南島なんかいやだ。スコールなんかもいやだ。西澤さんなんかいやだ。早く帰ろうよ、とずっとつぶやいている。

渡し船がやってきてどうやら竹田から預かったらしい人数分以上のタコスをどさっと届けてくれた。結局その日は七時間も全員イカダ男となって、獲物は小ガニ三匹だった。何も撮るものがないウッチーは死んだようになっていた。

海上イカダの上を少しでも釣りやすいポイントを目指して移動する

イカダ釣りへ出発。ちなみに隊長、トクヤ、西澤、竹田らはお留守番だ

コンの指示のもと「カニ捕り」に精を出す。サビキに引っ掛けて、網で掬う作戦だ

夕飯は急遽「おかしらカレー」に。おかしら竹田が隠し味に使ったパイナップルの器を手に、トクヤは「魚が釣れなくても問題無いね」とご満悦

突然のスコールの後、空には見事な虹が！　それまで
何も撮るものがなかったウッチーの渾身の一枚

# コロナに追われた先に大ザメが待っていた（上）

## 三年目の宮古島

二〇一八年から毎年三月になると南西諸島の宮古島に遠海《えんかい》遠征《えんせい》するようになった。今年、その時期は例年よりも東京はまだ寒く、晴天の真昼でも十度以下という日が続いていたが、めざす宮古島は二十度近かった。

さらに北海道や東京都、愛知県などの都市部からその周辺へ全国的に新型コロナウイルスが猛威をふるいはじめていたが、島の宿に連絡すると先方の島の人々はあまりピンときていないようで、やはり南西諸島は遠いんだなあ、楽園なんだなあ、ということを実感した。

当初は、雑魚釣り隊の内部でも、この時期に釣りなどという平和でのんびりした目的で南島に遠征していいのだろうか、という世間に気をつかう数少ない雑魚釣り隊良識派の意見もあった。

思えば三月初旬の東京はまだ全体にいつもの気配とはそんなに大きく変わりはなく、ただ日に日に街にはマスク姿の人々が増えているなあ、という変化を感じる程度だった。

ああ、思えばほんの少し前なのに、あの頃はまだ東京は全体的に平穏だったのだ。ちょっと犬とそこらまで散歩に、なんてことがなんの心配、気兼ねなしにできたり、繁華街は相変わらず人で溢れ、夜もはしゃぎすぎる酔っぱらいが路地の奥まで溢れていた。

この宮古島遠征のレポートを書いているのは四月の初めだが、たった一カ月でこんなに世間が暗くなってしまったのに驚いている。

あの頃の東京は、ずっとむかしの輝く別世界のような気がする。ああ、つくづくいい風が吹いていたなあ。

そういう大きなタイムラグがあるので、これから書く我々の相変わらずの大バカ釣魚記はいつものようにノーテンキなままだが、ひと月前のいい時代をじわじわ回顧していくことになりそうだ。

## マスク団、南に飛ぶ

常に本隊より先に突き進んでいる雑魚釣り隊の「釣り部」は、本隊の行く前日にすでに島に入っていた。釣り船は明け方出航するからそうしないとお魚の朝食に間に合わないからだ。

今回の釣り部メンバーは岡本部長をはじめ、海仁、コン、ザコ、太陽の精鋭部隊五人。そうしてかれらはおれたち本隊が東京を出る日の朝はすでに宮古島の沖合にいた。

ヒコーキ組本隊は十人だったが、同時に関西から二人、アメリカから一人現地集合するので総勢十八人である。

羽田から宮古島に行くヒコーキの中は東京から行く人が多いからだろう、みんなマスク姿だ。思っていたとおりだけれど、マスク大群を見るとどうもブキミである。

おれたちはみんなめったにマスクなどしない連中だけれど、しないと今は国賊のように見られる心配があったからみんな慣れないマスクマンになっている。おれもつけてみたけれど、口の前をガーゼかなにかで覆ってしまうとコトバが通じないような気になるのか、みんなすっかり無口になってしまった。喋ってみれば声が前に出ているのはわかるのだが、いったん声が布とはいえダムみたいに口の先で遮られると、自分の言っていることが自分の耳により近くなり、おれはいかにバカなことを言っているんだろう、ということを認識してしまう。

普段、釣り遠征となるといいトシをして修学旅行の生徒みたいにみんな楽しくて無意味に騒々しいのだが、その日はいきなり封殺されて、おれたちもやっと大人になったような気がした。

さらになんとなく全員少しずつ病弱になったような気分にもなり、ややよろけながらヒコーキの座席についたりした。

その頃は「三密」など言われていなかったのだが、考えてみると密閉空間のヒコーキのキャビンこそそれにあたるところではないか。まあマスクの親父同士ふれあって顔の前で口角泡を飛ばして喋ってるわけではないのだが。

しかし我々のなかで唯一、大学の理工科をふたつも卒業し、一番科学にかしこい、と言われている海仁が数日前の打ち合わせの晩に、

「ヒコーキはその構造上、キャビンの空気をたえず激しく循環させているから、カラオケボックスなどのように空気が淀んで停滞している密室構造とはまるで違うんじゃよ」

とお茶の水博士のように言うので先発隊はみんなで安心したのだった。

「それじゃあ、このマスクは必要ない。意味ないというわけですか」

と太田トクヤが言う。

彼は新宿で四つの繁盛居酒屋とふたつの芝居小屋を持っている。我々のなかではロックフェラーに次ぐ大経営者と認識されていて、目下新型コロナウイルスの関係でそのあたりの問題にいちばんつらく包囲されている。

「我々は親父らが酔って大声で叫びまくっている集団だから、唾を飛ばさないためにマスクはいつもつけていたほうがいいですよ」

お茶の水博士はあくまでも冷静だ。

「マスクしてたらビールだのサケなど飲めなくなるじゃないの」

「飲むときマスクを上下にずらしてそのスキに素早くアルコール液体を口にほうりこみ、すぐにまたマスクを正しい位置に戻したらいいじゃないですか」

お茶の水博士はアルコールを口にするとたちまちひっくりかえる、という異様アルコール忌避体質だから、居酒屋における総合的な賑わいの楽しみというものをハナから理解していないのである。

## 傑作歌舞伎パロディ讃歌

　ヒコーキの中は客がみんな自席におちつきシートベルトをしめて離陸をいまやおそしと待っている。客室乗務員もみんなマスクと手袋をしている。ヒコーキの中というよりも豊洲の魚市場にいたほうが映えるような気がする。これで長靴を履いていてくれたらなあ、などということをすぐに考える。

　間もなくヒコーキの正しい乗り方（持ち物を安全にしまいシートベルトをちゃんとして……という例のやつ）が始まった。この頃全日空機に乗ることが多いが、最近その出発前の諸注意事項のガイドが歌舞伎仕立てになっていて、これが実に傑作だ。

　まずおなじみ歌舞伎そのものの幕があくと乗客役が歌舞伎装束仕立てで登場する。

　顔に派手な隈《くま》取りをして「しばらく」のように目立ちすぎる主役の親父さんは、通路に荷物をおかないように、という注意事項を守らないちょいと粋なお姉さんの置いたままの荷物にひっかかり、タタラをふんでお馴染みの大仰な見得をきる。ちょいと粋なお姉さんは座席でキセルなんかふかしている。続いて実直そうな江戸商人そのもののお兄さんが出てきて、最後に江戸時代のいかにも良家の前髪少年。それに黒衣《くろこ》がひとりついて世話をやきます。

この人たちが機内の注意事項をいろいろ演じるのだが（セリフはなし。ナレーションが解説する）、この歌舞伎設定は秀逸といっていい、センスある出来ばえではないだろうか。

ぼくは全日空機に乗ると、何度も見てその内容をすみずみまでわかっていていつも楽しく見てしまう正しいお客さんだ。オリンピックが近づいてきたということで日本の特色を、というのが基本にあったのだろうけれど、大手広告代理店がかなり真剣に取り組んだのが見てわかる。そんなことに感心していると、わしらの釣り遠征の話はなかなか進まない。ヒコーキはまだ空港を飛びたっていなかったのだ。

## 明るい陽光、さわやかに吹きすぎる風

ヒコーキは三時間ほどかけて熱心に飛び続け、宮古島の滑走路に到着した。もっとも滑走路に到着しないで紺碧の南海の珊瑚礁の上に到着してしまうとさっきの歌舞伎の人たちが対応に困ることになる。さらに我々が一番困るのは空港ロビーに出迎えにきてくれている筈の琉球三美人と会えなくなってしまうことだ。

これまでの我々の遠征では美人がどこかで出迎えてくれる、などということはまずなかった。

この宮古島だけだ。三年前から「島の文学賞」というのができてぼくがそのお手伝いをしているからなのだ。その文学賞関係者である三美人は、いつもでっかいマグロ、カツオなどを差し入れしてくれるいい人たちだ。

　三人はマスクなどしていなかった。吹き抜ける風はもう夏だから我々はマスクなど暑くてすぐにはずしたし、着ている服もじゃんじゃん脱いでしまった。ヒコーキに積んできた大量の釣り道具をどんどんおろし、いつも泊まっている「かたあきの里」にむかった。

　ここは沖縄の伝統的な民家づくりが見事で、室内、厨房、風呂、トイレなど非常に清潔、快適。広い庭があってそこで島ビールを飲んでいるとあとはもう何もいりません、という気分になる。

　そこへむかう途中、島では新型コロナウイルスの感染者はゼロという話を聞いた。明るい陽光の下、島の風景は昨年とまるでかわりなしだ。

　すぐにこれから十八人の二泊三日のめしの材料を仕入れに行く必要がある。

　そこでひとつ問題がおきた。

　おれたちは相変わらず間抜けだった。よく考えると料理長がいないのだ。

　今回の我々の集団は十八人だが食う分量はどう考えても三十人分だ。しかも全員怪獣なみに骨ごとガブリ食いのやつらばかり。そんな大量の料理を作るにはもうシロウトでは無理だ。

　それだけの二泊三日の料理の献立を考え、その材料を買い、厨房のドレイたち三〜四人に指令を出し「あれが食いたいこれが食いたい」とわめく連中のイブクロを満たすのは大変な実力と指導力がいる。

現在その役割は、ザコ、トオル、名嘉元の三人の鉄壁のメンバーになっている。しかしその日頼みのザコは釣り部隊のほうに行ってしまい、あとの二人は今回は欠席。これはどうなることだろう、と全員のアタマとイブクロに不安が走った。

まず買い物のクルマのなかでそのことに気づいた関係者は蒼白となった。今回もメーター級のでっかい魚が何匹も釣れてくるだろう。魚のさばきと刺し身づくりはケンタロウがいるからなんとかなる。しかしただひたすら刺し身を食っているわけにもいかない。

「カレーライスならまかせろよ」

と、竹田が鷹揚に言った。胃の奥までヒーハーヒーハー化する死に辛カレーの使い手だ。雑魚釣り隊の古参の多くはみんな二十人分ぐらいのカレーは簡単に作れる。しかし、みんながみんなひたすら辛いカレーが偉い、と思っているから極辛カレー粉にタバスコ三本、コショウに七味トウガラシをそれぞれ一本全部。それにカンズリ（新潟あたりの極辛調味料）、沖縄にくるとコーレーグースー（トウガラシの泡盛漬け）などをバカスカ入れた集団自虐カレーを作ってあまりの辛さにみんなでピョンピョン飛び跳ねたり泣いたりしている。

だからそういうのが毎食というわけにもいかない。

「よかったらぼくにやらせてくれない」

そのときワシントンからやってきたタカが、いきなり不思議なことを言った。

「タカの作るワシントンカレーか。ケチャップたっぷりの？」

「二十人分のシリアルなんていうと菓子屋の店先みたいになるぞ」

西澤やヤブちゃんがからかう。

タカはワシントンからかなりの回数このキャンプに参加しており、いつも厨房チームに入っていろんな料理づくりを手伝っていた。

「ドレイを志願して日本のキャンプ料理をいろいろ覚えました。もう大丈夫です。本でも調べました」

「しょうがない。みんなタカと心中するか。それじゃあ買い物からタカが仕切るんだぞ」

元若い者頭《がしら》の西澤が了承し、我々はこの三日ほどの人生をタカに預けることにしたのだった。

タカ（平石貴寛）は大学を出るとアメリカにわたり、そこでヒトハタあげようといろいろ挑戦したらしいが、なかなかうまくいかなかった。小さなアパートの一部屋で悶々としているころ、ニューヨークの古本屋でおれのしなびた文庫本（『哀愁の町に霧が降るのだ』）を見つけて読んでいたらしい。それはおれがタカと同じぐらいの歳に同じ歳の男四人で東京の下町の小岩でどん底ビンボー下宿をしていた頃の極貧、ハチャメチャ大バカ話を書いたものだった。

タカはそれを読み「こんなメチャクチャな青年たちでも生きていけるのか！」と妙なところに感動し、再度アメリカで闘って、いまではワシントンと東京をつなぐコンサルタントのような仕事で、ある程度の成功を果たしたらしい。そうして高校時代の親友、雑魚釣り隊の隊員である香山イテコマシタロカ君と再会し、彼からの紹介をうけて雑魚釣り隊のドレイになった、というわけである。

その香山イテコマシタロカ君は、この春、講談社の『フライデー』の編集長に抜擢された。この我々がウロチョロしている『週刊ポスト』とは週刊誌としてライバル関係になるが、フライデーのほうがハダカのお姉ちゃんの写真が多い。ま、雑魚釣り隊のこのページでは全裸のお魚さんの露出度では負けないいんだけれど。

## いざ鮫腹海峡へ

その日の早朝、釣り部の乗った純海丸は、東シナ海のけっこう激しい荒波をどんどんと乗り越えていた。ここらの海は四方から風が吹き、荒れるとキケンらしい。シケでないときを狙うわけだが、釣行は二日予定して一日出れればいいほうだという。雑魚釣り隊十八人の貪欲イブクロのために、岡本部長はさらにどんどんとどんと波を乗り越えていた。

どうしても関東地方の釣りが多い雑魚釣り隊だから、メーター級の大物狙いに専念できる宮古島の釣魚旅はその年前半の大イベントだった。

漁港を出て一時間ほど走る。そのあたりで生き餌にするムロアジをサビキで釣る。三十センチから四十センチのを一人十匹以上を目標に釣る。

うねりと不確定な波に揺さぶられるので昨夜、大漁祈願泡盛乾杯でだいぶ盛り上がった連中は泡盛とは違う酔いにやられている。とくにヘタレのコンはムロアジ釣りを始めてすぐに仕掛けを切られてしまった。ひとつ千円以上する仕掛けだからこれはいたい。落胆が急速にヘタレ度を増し、十五分もするとゲロ続きだ。経験豊富、どんな魚でも確実に釣る、というオトコもかたなしだ。

「あと六回か七回吐けば復活するかな」

岡本部長がクールに分析する。

切れたコンちゃんの仕掛けを調べていた船長が、「これはサメが噛み切っていますね。ここからの海域は三メートル級のサメが中層にうようよいて一メートルぐらいのカンパチでも的確にとりこまないと胴体からガブリですよ」。

なかなか気合の入ることを言ってくれる。

（次回に続く）

居酒屋を経営するトクヤは新型コロナウイルスの影響に頭を悩ませていた

めったにつけることのないマスクを装着して宮古島に降り立った隊長たち

ワシントンからきた臨時料理長・タカ（左）。買い出しでは肉と沖縄そばを大量に買い、「これで多分なんとかなる」

宮古島はやっぱり暖かい。すぐさま半袖に着替え、ビーチサンダルで南国モードに

釣り部は無事にエサとなるムロアジを釣りあげた。次回、いよいよ大物と対決!?

# コロナに追われた先に大ザメが待っていた（下）

## 快晴、波すこし、絶好の騙し日和

雑魚釣り隊・釣り部の岡本部長、海仁、コン、ザコ、太陽の精鋭五人は、釣りポイントにむかう途中で生き餌にする四十センチはあるムロアジを釣っていた。

　サビキという仕掛けを使う。ミチイトに十個ぐらい疑似餌をつけて、いっぺんに何匹も釣る。水深百メートルぐらい。その疑似餌にムロアジを何匹かひっかけてイトを巻いてくるのだが、途中にサメがいっぱいいて「これはちょうどいいやあ」などと言いながら獲物をそっくり食ってしまうようだった。

　ひとつ千円以上する仕掛けごと持っていってしまうのもいるからみんなアタマにきて、サメごと釣りあげたろか、というイキオイになるのだが、細いサビキのミチイトでは千本ぐらい束ねて捩りあわせてもまだサメを釣りあげるのは難しいだろう。

とにかく一人最低十匹のムロアジが確実にほしいから船の魚群探知機で、狙いうちだ。

なんとかみんなノルマを果たし、「夜明けの海よー」などと歌いながら目的の「大物エリア」に急いだ。快晴。波静か。

思えばこの雑魚釣り隊も随分リッパに成長したもんだ。十五年ほど前は陸《おか》っぱり（陸地から釣る）以上はできなかったし、カツオ、マグロなんて絶対釣れないものだ、と信じ込んでいたから、堤防から竿を投げ、十センチぐらいのコッパ雑魚をひっかけては「ふーん、動く魚だ！」などとみんなで感心していた時代もあった。

毒があるという雑魚が釣れると「果たして本当に毒があるかどうか分からないからね。もうじき天野が来る筈だから試してみよう。それまでおとなしくしてるんですよ」などと雑魚の頭をなぜていたものだ。

自由、平等、博愛。

「みんなみんな生きているんだ！友達なんだあ！」

しばしばみんなでそう歌ったものだ。

天野は蜂《ほう》窩《か》織《しき》炎《えん》などという怪しくも難しい名前の病にたおれたりしたこともあったが、毒魚を素手でつかんで棘が刺さっても「チクッとしたよ」と言う程度で死にはしなかったから、とりあえず東京湾の雑魚毒には免疫がある体を得たようだ（天野のような特殊体質でないかぎりこれ絶対に真似したらいけません）。

四十センチほどのムロアジが四十匹近く「純海丸」の生け簀を元気よく泳ぎ回っている。もし万が一何も釣れなくてもこの丸々と太ったムロアジを刺し身にするだけでも二十人前のけっこうゴチソーな刺し身になる。「本日狙いのものがダメだったら帰りにまたあそこに行ってムロアジを……」などと船長に聞こえないように話しあっている。このところけっこう釣果をあげているが、まだ歴史的におれたちは気弱なのだ。

やがていきなりすごいスコールがやってきてみんなズブ濡れになった。でもそのすぐあとに前方から風がイキオイよく吹きつけてきた。そのあたりがいよいよ本命の大魚を狙えるポイントだと船長は言った。

まだまことに元気のいいムロアジの鼻に針を通して海に放つのが「泳がせ釣り」だ。オモリは二百五十号、重さ一キロ近くある。

岡本部長と海仁はルアー（疑似餌）釣りなので、三百グラムぐらいの大きいジグを振り回す。これによって生き餌組と疑似餌組のタタカイの開始にもなった。

双方水深二百メートルぐらいのところまで仕掛けを一気に落とす。そこらにいっぱいいるサメに気づかれないように素早くやるのがコツだ。ここらにいるサメは三メートルぐらいというから、ムロアジとは潜水艦対魚雷ぐらいの対比だろうか。

泳がせ釣りは海底にオモリが着いたら五メートルほど巻き上げて大物が近づいてくるのを待つ。ムロアジはどこへも逃げられない。思えば残酷な「しうち」だ。そのうちに周囲にいろんな大魚が集まってくる。ムロアジはアレ？　なにかよくないことがおきるような気がする、と判断し、逃げようとする。ところが狡猾な人間はハリスの長さをムロアジが逃げられそうなわずかな範囲にあらかじめ作っており、しめたここらで一気に、と言って逃げようとするムロちゃんは残酷にも同じ所をグルグル逃げ回る以外にないのだ。

少し前のＢ級映画でそんな場面がよくありましたなあ。たとえば地下室にハダカ同然のおねえさんを縄で縛っていたぶっている。

おねえさんは「あれえ、なんてことを。おやめになって。堪忍して下さい」などと悶えている。その悶えるブルブルいう振動がミチイトを伝わって竿先に苦悶の信号となって伝わってくる。

「海底サスペンス劇場」のはじまりである。とらわれの身であるムロちゃんはやがて大きな魚を目にする。サメかと思ったらあんな真っ黒で獰猛で歯だけギラギラ光らせているいやらしい奴ではなく、サメより体は小さいが肌は明るくきらきら光って流線型である。

ああよかった。白馬に乗ってはいないが海底の王子さまが助けにきてくれたんだわ。

ああ。ステキ。

などとクラゲ目になっていると、そいつは正面からいきなりムロアジ姫を呑み込んでしまうのである。なんという悪い奴。しかし本当に悪いやつは船の上にいるのである。

# 騙し釣り、お詫び釣り

その一人はたとえばムロアジの罠を仕掛けていたザコである。

ザコの竿がガタガタいっている。

ムロアジを呑み込んだでかい魚が海の底近くで暴れているのだ。

「これ、暴れるな、というに。なにもしやしないからのう。おとなしく海の上にあがってこいというに。おとなしくしていれば何もしないというに」

ザコはネコナデ声でそうささやいている。そうやって帯をつかんで騙し騙し海面近くまでひきあげてきたオサカナはカンパチ姫であった。

ザコは児雷也《じらいや》のようなアフロ大頭を振り回して慎重にリールを巻いている。ときどき波のあいだに見えるその獲物はやや太り肉《じし》でざっと八十センチはある。このくらいが脂が乗ってうまいのだ。

「ザコあせるな」

岡本が背後から注意する。ザコはけっこう大きな魚を街角なんか、じゃなくて海底近くなどでひっかけるのだが、苦労して船縁にまでもってきて取り込もうとするあいだに魚に逃げられてしまうことがたいへん多い。それを「バラシ」といい、「バラシのザコ」といったら関東じゃそこそこ有名である。

「ザコ、バラスなよ」

「帯をつかめというに！」

「押し倒せ」

みんないいかげんなことを言っている。

ザコは大汗である。

そのうちに太陽の竿がいきなりグイと引き込まれた。

「アチャーこちゃキチャかかあ！」

どこの国の言葉かわからない気合をいれて太陽が命がけでリールを巻いている。

間髪をいれず岡本部長と海仁の疑似餌コンビの竿が満月になっている。両方とも竿のしなり具合から見て相当に大きいようだ。サメかマグロか。

太陽が十キロもある大きいカンパチをぶっこぬいたあと、なんだか祈っている。通常だと次はそれよりも大きいのを、と祈る筈だが太陽はどうも違うらしい。

太陽とよく竿を並べている海仁いわく、太陽は「どうかもうこれ以上大きいのはかからないようにお願いします」と祈っているらしい。大きいのがかかると太陽は本当に怖いらしい。

竿が弓なりになると「わあ！　やめて下さい、許して下さい。大きいのはホントもういいです。無理です。もう本当にぼくにはいっぱいいっぱいですから。許して下さい」という具合だ。それでもでっかいのをけっこう釣ってしまうのだから、なんのために沖まで釣りに出てきているのか、雑魚釣り隊全員のナゾらしい。

## 釣れネーヨ

新人料理長としてデビューしたタカは、アメリカから日本に帰るたびに雑魚釣り隊のドレイにくわわり、主に沖縄人の名嘉元の下働きとなり、いつのまにか琉球カンタン料理を覚えていて、十三人前の「沖縄スバ」をチャッチャッと作ってくれた。これはできたてを食うのにかぎる。

それをビールとともに呑み込んで素早く堕落した陸っぱり部隊総勢十三人は陸からの釣りに出発した。快晴の空は遠慮なくどんどんどんどん晴れてクルマの窓から熱風が飛びこんでくる。

陸っぱり隊の暫定隊長はベンゴシの田中慎也だ。それというのも陸っぱり隊で釣り道具を持っているのは細目のヤブちゃん、毒魚に敵なしの天野、参加率百パーセントの京セラぐらいというのがわかり、ベンゴシが島にきて釣り道具一式を買ったので、それだけヤルキがあるみたいだ、とみんなに認められて隊長になった。

釣り具屋でベンゴシが私物以外に買った、みんなのエサと新しい仕掛けの値段は合計八千円だった。

「エサ買ったって結局釣れネーヨ」

それを見ながらそばで西澤が軽く一蹴している。沖縄に移住してかれこれ半年。どうも都会からやってきた雑魚釣り隊をハナからバカにしているようなところが目立つようになった。それでもまあ全長三千五百四十メートルの伊良部大橋をわたって伊良部島の長山堤防に立ったのだが、もういい時間になっている。

「釣れネーヨ」

と西澤が口笛まじりでまた言っている。

「八千円出すと、この島の属島、池間島の売店で今朝釣れたてのでっかいカツオが三匹は買えるぜ」

西澤がショカツとか三本川とか竹田などのヤル気をそぐのに追い打ちをかけている。

まあ十五年間同じようなことをやっているおれたちはみんな竿を出しても何がどうなるものか、という顔をしているから沖縄ニヒルになっちゃった西澤に反論などできない。

おれと同じ歳のじいちゃんである太田トクヤはソフトクリームに目がない。そのトクヤが言う。

「さっき橋のところに店を出してたアイスクリーム屋のソフトクリームが気になるなあ。そのそばにいかにも観光客です、というかんじの赤いワンピースの女が二人いたでしょう。あれも気になるなあ」

この人は海にもサカナにもまったく無関心なのだ。だがソフトクリームとお姉ちゃんはたいへん気になるのだ。

ドレイの京セラが近くにきたのでトクヤ爺が「キミねえ。おだちんあげるから橋のところまで駆けていってソフトクリームふたつ買ってきてくれないか。ついでに赤いワンピースのおねーちゃんにここまでこないか、と声かけてくれないかなあ」

「こねえよ。絶対」

いつのまにか後ろに立っていた西澤が言う。

堤防の周辺はコンクリートばかりなので照り返しが半端ではなく、ぼんやりしているとそれによって複雑焼けをしてしまいそうだ。

それでも真面目な陸っぱり隊員は照り返しの強い海に竿を投げている。

「なあーんにも釣れネーヨ」

西澤が彼らの背後を回りながらまだ言っている。

実際になにも釣れないので、伊良部島での釣りをあきらめ、本島で違う漁港を探していると、小学生くらいの自転車隊がわらわらと通りすぎていった。

「あれだ。あいつらのあとをつけていくと魚の回ってくるところに行けるかもしれんぞ」

西澤が言った。なるほど島で魚が釣れるところを探すときは、こういう地元の子供らの後をついていくのが一番いい。

久松漁港というところに連れていかれたが、そこは強風でぜんぜんエサもオモリも狙ったところに飛んでいかない。しかたがないので少年たちに風裏の違う漁港を聞いたらそれはおれらの宿

「かたあきの里」の徒歩圏内だった。おれたちは二時間かけてふりだしに戻ってきたのだ。

「なあ、やっぱり釣れネーだろ」西澤が嬉しそうに言う。

## 宮古毎日新聞に豊かさを読む

太田トクヤと三本川がどこで消えたか行方不明だ。三本川は慢性痛風で堤防をかたむいて歩いていたし、太田は昼に寝て夜は朝まで起きて店に出る、という人生だからどこかコンクリートの窪みに挟まって眠っているかもしれない、という心配のもと捜索隊を出した。

するとなぜだか三本川は子供用アスレチックで遊んでいたし、太田はいつのまにかさっさと「かたあきの里」に戻り、風通しのいい廊下にザブトンを敷いて爆睡して

ものの３分で竿を放り投げてソフトクリームの誘惑に負けたふたり

いた。

行方不明者を発見、ということを確認してから竹田とタカは追加の買い出しに町に出た。

かたあきの里にテレビはないので、世の中がどうなっているのかまるでわからない。そこで新聞を買ったが、全国紙はコロナ関連の暗い記事ばかりで辟易するから地元の「宮古毎日新聞」を買ってみた。

一面には市議会の報告。案件はウイルス侵入の水際作戦や観光客の再誘致についてなどだった。九面は「毎日伝言広場」というページだった。島のイベントが紹介されている。「健康体操講座、午前十時。中央公民館」

この運動不足と無駄な動きの日々、行ってみたいな、と思う。

「十円玉コーナー」というのが味わい深い。「下地眼科で靴の取り違えがありました。心あたりの方は川満０７０－ＸＸＸＸ」などと携帯電話の番号まで入っている。個人情報の扱いがしばしば問題にされる現代では考えられないおおらかさだ。羨ましい。

「大きめの学ランを譲ってください」というはなはだ曖昧なお願いもあった。

竹田はワシントンからきて株価だ、グローバリズムだとさわいでいるタカにこの新聞を黙って見せた。タカはしばしうつむくしかない。

「何が豊かって、尺度が難しいよなあ。おれは果たして幸せなんだろうか」タカの独白。

夕方になって沖釣り隊が疲労困憊顔で帰ってきた。八十リットルの大型クーラーボックスにでかい魚がぎっしり入っている。東京でセリにかけたら相当なものになるだろう。

獲物はカンパチ、アオチビキ、イソマグロ、ヒメダイなど。

すぐにケンタロゥをチーフとする出刃包丁組がメーター級の魚の解体作業に入る。いつのまにかケンタロウの包丁サバキはプロ顔負けのものになっている。

タカがリーダーになっていた沖縄料理班にもショカツをはじめとして働き者のドレイ勢がとりついて、なんだか大繁盛店みたいに目まぐるしくなっている。

まずは刺し身だけでもとんでもない量だ。ヒトキレヒトキレがでかく三段重ねのようになっている。早くもヅケが大きなボウルに山盛り仕込まれていてヅケの早食いもオーケー。

あまりの素晴らしさにかたあきの里には赤い鳥が飛びかい黄色いチョウチョがふわりふわり。トビウオがピュンピュン。厨房からは「大漁唄い込み」だ。エンヤアトット、エンヤアトット。娘らはたまらず座敷まわりを踊っている（ような気がした）。座敷では竹田を中心に宮古島名物「オトーリ」が始まっている。

宮古島の海に住むカンパチ姫たちは、雑魚釣り隊釣り部を優しく迎えてくれた

「怖いよー！　できないよー！　許してよー！」叫びながら太陽は10キロのカンパチを釣った

ムロアジの罠を仕掛けたザコの竿が大きくしなる！

「釣れネーヨって言っただろ……」西澤は竿を握りながら堤防で寝言を言う

みんなで役割分担して次々と魚を捌く。釣りたてカンパチの分厚い刺し身盛り（上）、ボウルいっぱいの漬け（中）も作って、タカ料理長の沖縄すば（下）できっちり締める

# 雑魚釣り隊はコロナを食い倒したる

## 海の中だってたいへんだ

　どうやらコロナ禍による経済社会秩序の混乱は海の中にまで浸透してきているようで、困ったときはここへいらっしゃい！　などとこれまでどの季節でもそれなりに魚が笑っておいでおいでをしていた堤防や、釣り船に乗れば「なんとかなる」という信頼関係にあった魚が軒並み「なんとかならなくなった」ようになった。

　堤防などは常に海風に吹かれている三密にもっとも遠いところ、と思っていたがどうもそうでもないらしい。緊急事態宣言以降は閉鎖する堤防も多く、行政は釣り人同士の間隔も二メートルあけなさい、などと指導している。

　そんなこと言われなくても、コロナもガラナもへったくれもない頃からおれたちは自主的に隣の釣り人と二〜三メートルの距離はあけていた。

最低そのくらいの幅をおいて竿を出さないと大きな回遊魚なんかが港内に入り込んできたときにオマツリというものがおきる。

普通のオマツリは神さまを祭った神輿を先頭に静かに威勢よく、巡行してくるものだが、港内のオマツリはそうはいかない。

「今持っていったミチイトの先にいるサカナはおれのもんだからな」

「何言ってる、おめえのに食いつく直前までおれんとこにいたやつだったじゃないか」

たちまち隣り合わせの奴とのイサカイがおきる。

「そう言えば、コロナじゃなくてオマツリをふせぐために堤防に二メートル間隔にペンキを塗って区分けしたり、プラスチックのポールを立てたりしてみたら、どのくらい利き目があるんだろうか」

「そもそも魚界にもウイルス感染というのがあるのかね」

「魚を刺し身でくわなければいいんじゃないの」

「だいたいバイキンとウイルスはどう違うんだ?」

「そりゃあバイキンは地を這ってやってくるけれどウイルスは空中を飛んでくるから性能が違う」

「なるほどよくわかるなあ」

「それにしてもアニサキスが釣り人にとって一番の問題だった頃はよかったなあ」

「古きものは常に懐かしく美しい」

百パーセント実りのない話をしてみんなぐったりしていた。

このコロナ騒動で漁場情報も、我々釣り仲間情報も以前のように明確には届かなくなり、むかしのガタピシテレビみたいに乱れて混信、メンバー約三十人の行方があまりわからなくなっていった。

コロナを睥睨《へいげい》するように梅雨のはしりの陰気な雨も降ってくるし、いやな日々になったなあ、とひとりぼやいていたら八丈島の腕っこき漁師、山下和秀からドカンとでっかいトロ箱が届いた。魚と氷がきっしり入っているのだろう。ユーウツを一気に吹き飛ばしてしまうくらいの喜びにみちたでっかい初ガツオだった。

八丈島の和秀とはぼくがモノカキになる前からの付き合いなので、こっちがコロナでぐったりしているのをお見通しなのだった。

あと三日で週末だ。それまでこのまま寝かせておくとちょうどいい。

さっそく竹田に電話した。

「おおい。みんなヒマだろう。コロナ祓いで二〜三日後の週末に何種類か魚を釣ってきてよ、ドバーッと宴会しようぜ。もちろんウイルス対策も万全にしてな」

「ウォース！」

竹田は常に反応が早い。

考えてみたら雑魚釣り隊のみんなの顔を見るのは、宮古島遠征のとき以来かれこれ三カ月ぶりだ。

## 海の中は感染していない！

さっそく竹田から全隊員に「即刻出動せよ」の号令が入った。

「出動って、どこへ何しに行けばいいのですか」最古参ドレイのドウムが即答してくる。

「バカ。梅雨のさなかだ。あのあたりにこのあたりになんてマツタケとりみたいなこと言えるか」

「いや、以前、キャンプやったときにサーカスやれるくらいでかいパイプのテントを借りてきちゃったバカがいたことを覚えています」

「バカかそいつは、誰のテントだ」

「竹田さんのです」

記憶が戻ってきたらしく、竹田は急に無口になった。

雑魚釣り隊の海浜キャンプに行くとマツタケよりもシジミよりもバカがたくさんとれる、と言われているがそれは本当なのだった。

「八丈島の初ガツオを主役に、できるだけ早く、できるだけたくさんのオサカナを釣りに行くこと。なお、ウイルス対策は万全に」

　という指令が漁労長のコンから発信された。今は休業したり、規模を縮小して営業している船宿もあるから、まずは船宿に連絡。狙う釣り魚の情報、三密にならない混み具合かを聞き、みんなそれぞれの得意技の道具に磨きをかけて船宿へと向かった。

　狙う魚によって雑魚釣り隊は関東各地に自然と散っていくことになる。海釣り開始の時間は早く、早朝四時には漁港に乗り込んで目的の船の前に集合している。

　例のコロナ対策だが、船宿によっては隣と二メートル以上の距離をとるために人数を減らしたり、乗船前の検温やアルコールでの除菌はもちろんのこと、マスク、フェイスガードなどの着用を求められる場合もある。

　でも船は波を盛大に切り裂き、モーレッツに風を突っ切っていくものである。フェイスガードなんかすぐふっとんでしまうかもしれない。あとは宇宙ロケットに乗る人みたいな巨大なヘルメットをかぶるしかないだろう。

　さっきも書いたが、釣りという動作のためには船上でも隣のやつと適度に離れることは自然なことだ。新宿のスナックとかクラブとは違うのだ。

　しかも船上キャビンの出入りも禁止になっている。入り口をあけて走ればキャビンの中は強烈な風がグルグル回転しているから街のいろいろとはだいぶ様子が違う。でも規則好きな行政は釣りの本質を理解していない場合が殆どなのだ。

## 名人二人、クロムツ狙いに出港

釣りテクニックでトップの岡本とコンちゃんは、八丈島のデカガツオと対決しうる魚をクロムツと決めた。この時期は水深二百メートルの深海で五キロクラスが狙える。産卵期なのだ。通常はサバやイカをエサにするが、もうルアー職人のような境地に入っている岡本はどんな魚でもこの金属の疑似餌でいどむ。

いろんな魚をいろんな仕掛けで釣りあげる釣り巧者コンちゃんは、この日は二百号のオモリに五本バリのエサ釣り仕掛けを用意した。

二人が乗った源泉丸は、明け方三時に勝浦の川津港を出港してポイントまで一時間ちょっと。五時前の薄暗い内から釣り開始という条件だった。

船長の話では海底付近にはサバがやたらにいるそうで、コンちゃんの仕掛けにはまずエサのサバに生きたサバが群がり、次にメダイが食ってくるというパターンの繰り返しだったらしい。

結果的に「サバ四匹にメダイ一匹という具合で落とせば確実にサカナが掛かるのだけれど、本命のクロムツは釣れず、最大五キロまでのメダイを五匹」という「なんだかなあ」のタタカイだったようだ。

しかし、それだけあれば初ガツオに十分対抗できる、と二人は顔を見合わせヒカヒカ笑ったらしい。ちなみに岡本はその夜はどこかに一泊し、翌朝別の乗合船で早朝出発し、大きなワラサを二本しっかり釣りあげてきた。

彼は普段まったく寡黙である。家にいても、釣り遠征に出ても早朝一時間ジョギングしては体調管理をしている。なんというか、将来なにかの事情で雑魚釣り隊が解散するようなことになったとき、でっかいカンパチをぶら下げた銅像を彼の本拠地に立てるのがおれたちの仕事だ、と思わせる男だ。

海仁とザコの神奈川在住の二人は三浦市の小網代《こあじろ》港の翔太丸でマルイカ釣りに出た。

海仁はコロナ感染拡大の自粛生活に入って以来、初めての釣りだった。彼は仕事でコロナの情報を毎日発信している日々だったから近所のスーパー以外はどこにも出ていない、という。久しぶりの、世の中で一番好きな海は「本当にでかいんだなあ」と感動にむせんでいる。

海仁はマスク、ザコはアクリルケースを頭からかぶっての防備だ。

海は凪、快晴だった。二人は胸をはずませる。どちらもマルイカ釣りはお手のものである。ところがその日はちっとも獲物にぶつからない。そんな日もたまにはあるが二人はくやしい。

「でも、まあいいや。久しぶりに海風に吹かれたのだから」

その日のザコの釣果は、マルイカ三杯。海仁もマルイカ三杯、ムギイカ三杯。二人あわせてギリギリイカユッケができるくらいだった。

仲間への報告で二人は詫びる。

「いいよいいよ。みんなコロナが悪いんだ」

## フグさん苦しみをわかちあおう

陸に戻ってきた岡本部長は、バカ宴会には「もっと獲物がなければ」という熱い志に燃えてケンタロウ、太陽、ベンゴシに鹿島から出る釣り船でショウサイフグを狙えと指令を出した。このフグは上品かつうまいフグと知られている。船は隊員たちも時々世話になっているという豊丸。

フグ釣りはケンタロウが得意とするものだ。

仕掛けはオモリのすぐ下にエサ用のハリがあり、そのさらに十五センチほど下に二本の引っ掛け用のハリがついているカットウ仕掛け。エサのアオヤギをフグが食べに来たな、というタイミングで仕掛け分の長さを持ちあげると重いショウサイフグが掛かっているというなにやらフクザツな釣りだ。

ポイントを行き来しているうちに何匹か見事なフグが掛かってきた。薄切りにするから一匹でかなりの量の刺し身がとれる。

「今日はプロなみに刺し身の皿が透けて見えるくらいの薄切りでいきまっせ」

そう言えるだけケンタロウの包丁さばきは釣りに行くたびに向上しているように見える。

ふいに思いだした。

おれたちが発明したキャンプのときの「人間回転寿司」だ。

キャンプ場ではなかなか広い平らな場所はとれない。せいぜいコンクリート製の流し辺りに縦横一メートルぐらいの平らな場所がある。調理人がその上で料理し、数人が何か食う場所だ。

三年前、今井竜介という東映映画のような男がサラシに出刃包丁さしてやってきた。

背が高く渋くていい男だ。

プロの寿司職人で、店を持たず包丁一本サラシにまいて流れ歩いているという。

さっそく三顧の礼をもって入隊してもらった。雑魚釣り隊はいかに高級魚を百キロ持ってきても、瞬時に味噌汁が作れても、給料というものは出ない。

りょーすけには体があいたらきてもらうことになった。釣りたての魚をりょーすけが捌いてすぐに二〜三種類の寿司を作ってくれるのだからこれほどうまいものはない。たちまちコンクリートの流しの前には行列ができた。一人二カンまでと決めても行列は押すな押すなの大繁盛。ついに一計を案じ、りょーすけは動かず隊員が流しのまわりをグルグル回る「人間回転寿司」という画期的なシステムを開発した。新宿行っても上野行ってもこういう寿司屋ありませんぜ。りょーすけにあたらしい道がひらけた。

ところが昨年あたりからりょーすけは、刺し身を作ったり魚を食べると急に気持ちが悪くなって魚をいじれなくなってしまったという。

ちゃんとした病院で精密検査をしてもらったら「アニサキスアレルギー」だという。アニサキスの体液やタンパク質がりょーすけの全身をむしばむ。日本ではまだ症例の少ない奇病だという。おれたちはりょーすけの手による日本でいちばんうまい寿司がまったく食えなくなってしまったのを悲しんだ。

そんなわけで今はコロナ騒動下であたらしい職業を探しているところだという。

「やっぱり長年手先をこまかく動かす仕事していたんでそういう仕事をしたいですね。もちろんサカナ関係ではなく。出刃包丁サラシにまいてフラワーアレンジメントなんかがいいかなあ、と思っているんですが」

## 二十人のマスク集団

その日はまだ閉鎖中の太田トクヤの店、新宿三丁目の「池林房」を丸々借りておれたちの好きなように店を使わせてもらった。もう自粛閉店して二カ月になる。バブル崩壊にもリーマンショックにも負けず、よっぽどの事情がない限り四十二年間、一度も休まなかった店だ。

太田はこのほかにも新宿にそれぞれ店の造りも料理も違う店を三店もっていて、四店合わせると店の家賃は月五百万円になると言う。

彼はさらに近隣に芝居小屋を三つもっていて、芝居が休みのときは役者や修業人らが店の仕事をしているが、今はその店のどこもやっていない。

しかし誰一人雇いどめなどせずに給料六割の生活保障をしている。

太田トクヤは日本のいいかげん政府などより百倍ぐらい志があるのだ。おれは太田とつまんないことで「そのアイスクリーム半分よこせ」「いやだ」なんていう喧嘩を常にしているが、友人としてやつの根性にはつくづく頭が下がる。

その日は無人の池林房におれたち二十人が全員マスクをして集まった。

ちゃんと仲間同士の間隔をあけて、消毒しっかりやって、まずは全員勢ぞろいで座った。

いつも満席でうるさく混み合っていた店なので不思議な気持ちだった。

マスクをしているとみんな無口になりお線香を二〜三本たてたくなる。

でっかい八丈島カツオとたくさんのショウサイフグ、メダイを中心にもの凄い大宴会となった。

新宿の四つの馴染みの店が一刻もはやく開店復活することを祈って、みんなででっかい声で乾杯した。

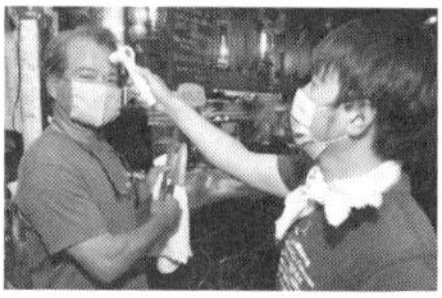

新型コロナウイルスの脅威が続くなか、休業中の「池林房」（新宿三丁目）に集結。もちろんマスク着用、入店時はアルコールスプレーで除菌し、検温も実施した

関西組のヤブ、みっちゃん、ショカツなどはリモートで宴会に参加し、隊長に現状報告

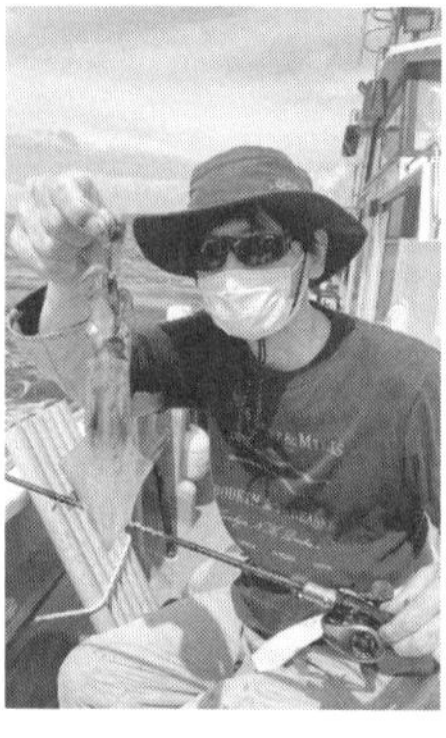

久しぶりの海と釣りを堪能する海仁

カツオやフグの刺し身、メダイのからあげなど豪華な料理が並んだ

港に出現したマスク姿のあやしい二人。岡本とコンはしっかりと宴会の食材を釣りあげた

# ここはもしかするとエーゲ海!?

## 釣魚界もコロナであわあわ

　おれたち雑魚釣り隊は今年で結成十五年になる。毎月とにかくあっちこっちへ行って竿を出してきた。大勢で外国へも遠征した。

　いままで行ったところを眺めてみると、国内は当然、海外に上陸しても世間知らずのウブな魚を言葉巧みに騙して釣りあげたり、ウワーッと叫んでこっちが間違って逃げだすような巨大な魚を釣りあげてしまったけれど、逃げてから再び戻ってきてそいつをちゃんと全部食ったりしてきた。

　全体にあまりエラソーな釣り人がいないようなところを求めていろんな島に行った。おれたちでも島に行くとたいていまず大漁になる。だいたい魚屋なんかないところに二十人前後のチームで行くのだから釣れるとなったらそのキャンプの食生活に困らないようにネコソギ釣っていく。

困ったのは例の新型コロナウイルスの全国的蔓延で、ダラダラ梅雨にはいった頃の六月、いつも釣り人で混み合う有名堤防や人気の釣り船はできるだけ避けよう、ということになったのだ。海の上を波をけたてて疾走していくときに、あのでっかい空にウイルスがいるのかと不思議な気持ちになるが、やっぱり注意しなければならないみたいだ。

　こういうときおれたちは島をめざすことにしている。それも大勢の海水浴客がワアワアキャアキャアやっていたり、見苦しいカップルがイチャイチャネトネトしていない島だ。

　ケンタロウと竹田が調べた結果、おれたちは意外にも瀬戸内海に行っていない、ということが判明した。

　たくさんのキャンプ用具、釣り用具を必要とするため東京からクルマで現地に行けることが望ましい。しかもその島はできるだけ人が少なく、おだやかで魚類豊富、という都合のいい付帯条件がつく。難題もたいがいこなしていく竹田はそういう視点と条件で今回の島を探しはじめた。

　その一方で、竹田の探す島でどんな魚が釣れるのか、という大切な問題にケンタロウが挑んだ。

　隊長のおれが近頃どんどんじいちゃんになり「うまいマグロの刺し身が食えればどこだってええよ、新宿の夜の街ではいけないのかね」などとモグモグ言い、副隊長格だった西澤が沖縄に逃亡したいま、雑魚釣り隊の司令塔はケンタロウと竹田のふたりになっているわけなのだった。

　瀬戸内海には小さな島がいっぱいある。おれたちの本隊十人以上は東京からクルマで行く。たくさんの雑多な荷物を船着場におろし、船で島にわたってまたクルマを借りてキャンプ地に行くのでは手間がかかってしょうがない。

なんとかカーフェリーの出ている手頃な島はないものか、という視点で探していくと「ジャーン！」と両手を広げ音をたてて手頃な島が見つかったのだった。

岡山県の前島というところには五分で着けるカーフェリーがあることがわかり、しかも貸し切りのキャンプ場もあることを見つけた。ケンタロウがそのあたりに生息する狙えるサカナ「ママカリ」に着目した。

サッパというニシン科の小魚で、旬の季節にこれを塩焼きや酢漬けにしてめしを食うと、うまくてうまくてどうにもごはんがとまらなくなる。ついついごはんをどんどん食ってしまって「おーいカカア、ごはんまたおかわり」というと「あんたがみんな食ってしまったけん、もうおひつはカラじゃけん」と怒りまじりの答えがかえってくる。

「そんじゃあ隣に行ってまんまを借りてこい！」ということになり、やがてそのあたりではその魚を「まんまを借りる」という意味の「ママカリ」と呼ぶようになったという。

## エーゲ海が待っていた

三密を避けろ、と言われているのにその日三台のクルマにたくさんの荷物と十人が濃密に乗り込み、さらに二台が寄り添うようにして午前二時に新宿を出発。午前十一時にはもう現地に到着していたらしい。

おれは同じくご老体の太田トクヤと土屋仙人とで新幹線で行った。前日の天気予報はその日そのあたりは九十パーセントの雨と言われていたが、我々が岡山駅に到着すると雲は切れ、風は流れ、太陽が「クヌヤロー」といってギラギラ化し、岡山県全体をピーカンにしていたのだった。

おれたちを駅まで迎えにきた竹田ら三人はそのにわかな快晴の下、「ひええ。なんてことだ。雲がなくなってしまった。お礼の人柱でもこさえなければなんねえだべか」などと驚きうろたえている。

「バカ者ども、快晴率九十七パーセントのわしをなんとこころえる。エーイ！　天下の快晴副将軍とはわしのことだ！」

へへえええええとかしずく竹田以下三名をけちらしつつ我々は迎えのクルマに乗ったのだった。

「あのさおれたちの行くあたりは東洋のエーゲ海と言われているんだってね」

新幹線で旅先案内パンフレットを読んでいたトクヤじいが竹田に聞いている。

「ええ、まあ我が国には東洋のナイアガラとか東洋のサハラ砂漠とか東洋の西洋とか東洋関係はいろいろありますが、そのひとつかと思います」

面倒くさそうに竹田が三太夫になって説明する。

「ゆっくり見ていきたいなあ。エーゲ海ならウイルスもいないでしょう？」

「ええ、そこはまあエーゲ海ですから」

竹田は腕時計を見ながら運転しているショカツに行き先変更の指令を出した。

けっこうまがりくねった坂道を行く。まわりに生えているたくさんの植物はオリーブらしい。うまく風をとらえればオリーブのかほりだってかげるようだ。じっとしていればそこらからジュディ・オングだって白いケープをひろげて出てきそうだ。ちょっとした小山のてっぺんのあたりに白亜の家があり、これがエーゲ海の家よ、と言っている。ただしそこはジェラート屋さんらしかった。すでにおばさんやお姉さんの客が行列をつくっている。どんなものがあるのかとその後ろ側のほうにまわりこんでみると、お店の人に「お客さん。お待ちの方が並んでいますから、間隔をおいてお並び下さい」などと言われてしまった。そうかエーゲ海にもやっぱりソーシャルディスタンスがあったのか。

「あっ、マンゴーのジェラートがある。ぼくあれが欲しいなあ。エーゲ海だもんなあ」

トクヤじいがねだっている。ソフトクリームアイス系は快晴じいも好きである。

与えてもらったそれを食べながら海の見えるところで「やっぱりエーゲ海だねえ、よかったねえ」と感動し、岡山県のエーゲ海はいい、という結論に至ったのだった。

## 快晴の下、十人のマスクゲホゲホ団

再びクルマに乗りフェリー乗り場に行った。目の前にいくつもの島が見える。

「前島」は牛窓港フェリー乗り場から二百メートル先ぐらいにある細長くひらべったい島だった。周囲八キロ。人口百八十三人。

　東洋のエーゲ海にたたずむ島はまわりをとりかこむ海も穏やかで、じつに平和的である。フェリー乗り場のまわりには雑魚釣り隊の後続十人ほどがいた。

　ただしケンタロウは先発隊にも我々にもキャンプ地におちつくまで全員にマスクをしていることを命じていた。東京で日に日に感染者の数が増えているときであり、二十人の男集団は閑散としているここらではやっぱりたいへん目についているのだろうな、ということがわかる。

　フェリーを待つあいだケンタロウは目立たないように数人で近くの小さな釣り具店に買い物に行った。島にわたってしまうと自動販売機しかない、ということは調べずみなのだ。小さな店でおばあさんが一人店番していた。今は季節前でママカリはまだ釣れていないが、島に渡るとキスがよく釣れているという。

　必要なものを買い、ケンタロウがお礼を言うと、おばあさんは値段を言い、そのついでにというかんじで「ところでコロナ怖いなあ。東京とか凄いんやろう。絶対こっちには来てほしくないなあ」と言うのだった。

　コロナに来てほしくない、という意味で言ったのかコロナのまっただなかにいる東京の人に来てほしくない、と言ったのかよく判別できない。

　とっさにあつをが「そうやなあ。怖いなあ」と関西弁で言った。彼のお国言葉だから対応が早い。同じく関西出身のケンタロウも「ほんまやなあ」と乗り切った。そのくらいカバーしておかないとおれらが去ったあと、「緊急連絡。東京モンが二十人ほど侵入」なんていう内線網に秘密連絡が流され、夜にキャンプ場が焼き討ちにあうかもしれない。

ここらは東洋のエーゲ海であるのと同時に、弥生時代には頭が牛で首から下は鬼の胴体である「牛鬼」という妖怪が出没していたという。牛窓・前島には頭が八つある「塵輪鬼《ちんりんき》」という妖怪が徘徊していた。雑魚釣り隊の一員で今回休んでいるが『怪と幽』というあぶなっかしい雑誌の編集長をやっている似田貝が嬉しそうに電話で伝えてきたらしい。

カーフェリーは人やクルマを乗せると五分で妖怪牛のいる島に到着、クルマでそのままキャンプ場に十分ほどで着いた。我々だけの貸し切りとしては申し訳ないほど広々としたスロープに早くも大きなタープが張られている。

天野はよろず建設部長だがいよいよ頼もしくなっている。厨房テントから料理長のトオルが顔を出した。こいつがいるととにかく安心だ。まだ顔は見ないが今回はザコも参加しているというから料理関係も万全というわけだ。先乗りしていた連中の個人テントもあちこちに張られている。見回したところ島の人やよそからやってきた釣り人の姿もないようだから、みんなやっとマスクをとって平和な雰囲気だ。

「この風景は、エーゲ海よりいいよなあ」

おれはトクじいに言った。本当のエーゲ海は見たことがないのだがどーもそんな気がする。

トクヤの店は新宿のいわゆる伝統的居酒屋で、四店とも明け方までやっている「夜の店」だ。トクヤが毎日やっている店まわりは夜のことだから久々に見る青空だろう。気分が晴れるに違いない。いや、聞いてみるとコロナ禍の居酒屋経営は実に大変だった。

彼は新宿に居酒屋を四店もっているが四月から全店休業していた。その家賃が毎月全部で五百万円だという。従業員は五十人ほどいるから休業中の彼らへの支払いが約千六百万円。つまり毎月二千万円以上が消えていくらしいのだ。行政からの援助補償は三百万円ほどらしい。

もともと根性のある奴なのでこういう惨状もこともなげに言っている。こんなときは成り行きでいくしかない、と割り切っているらしい。

## テントからシロギスが釣れる

自分のテントをたて、タープなどの建設をおえた者はスロープになったキャンプ場の前面にひろがっている海岸で思い思いに竿を出していいことになっている。海岸といっても草つきの前の斜面から十メートル先にもうさざなみが打ち寄せているわけだから、その気になれば自分のテントから釣り竿をなげだせる。他の釣り客は誰もいない。こんなに心やさしい釣りキャンプ場がこれまであっただろうか。

そろそろ入隊五、六年になるドレイの京セラは本当にこういう釣りを心から愛しているらしく、

初めての瀬戸内遠征。前島は最高のロケーション

とりあえずドレイ仕事がかたづくと竿をかつぎ、走って波うちぎわにかけつけている。京セラと呼ばれているのはドレイ入隊したときに京セラの社員だったからで、同じ頃入隊したデンは電通に入っていたので「デン」と呼ばれている。ちなみに二人とも加藤という。三年のあいだに京セラは転職、いまはソニーの社員だが面倒くさいので相変わらず「京セラ」と呼ばれているのだ。

同じくドレイのあつをも竿をもって走ってきた。彼は結婚したばかりで新妻と生まれたばかりの赤ちゃんがいる。

どうやらあつをは今度のキャンプで瀬戸内海のタイを釣り「お食い初め」の獲物を自分で釣りあげる、という目標を持っているらしい。いつも何事もクルクルよく働くドレイなので、そのこころざしやよし、ということになり、みんなタイがどのへんに行けば釣れるか、ということを真剣に話しはじめた。

　雑魚釣り隊・精鋭釣り部五人衆の一人で年齢的に「若者頭《がしら》」になっている太陽が「どうだ。釣れてるかあ」と言ってやってきた。

「これこれこういうわけであつをの父ちゃんとしての顔をたてるようにタイの話をしてました」

「そうか、たしかに瀬戸内海はタイがいるが小船を仕立てたりしてもうすこしやり方を考えなきゃ、タイもバカにされてると思うぞ。ここではまず手馴らしにキスをみんなで狙えばトオル料理長が喜ぶはずだ」

　そう言って太陽は一人の竿を借りてかなりの遠投をした。すぐに力のあるしなりが竿にきて、太陽は駿速でカタのいいキスをあげた。

「カッコいい！」

　ドレイたちはうっとりしている。

　そこから少し離れたところではマリンチェアごと日陰に入り、土屋仙人が本日三冊目の本を読んでいる。この仙人はいつも静かにそうしてひたすら本を読んでいるのである。

　砂浜から少しあがった風とおしのいいところでは東京から持ってきた簡易マージャン卓を囲んで小さなタタカイに熱中している幹部らがいる。三密のない海べりでのタタカイは久しぶりだろう。プチンとプルトップを引っ張るいい音がする。各自好きなように過ごす至福の午後である。

　それにしても瀬戸内海はおだやかないい海だ。むかし四十年前、「わしらは怪しい探検隊」といった頃、ぼくは島ばかり狙っていた。当時は釣りをやるのは二〜三人で、おれたちはモリを持って潜り、サカナを突いていた。疲れると泳ぐ。

忘れられないのは三重県の神島にキャンプしたときのことだ。当時おれは無鉄砲で、島というと一周しようとみんなにけしかけたものだ。沢野（ひとし）がすぐに応じてきた。そして神島の一周に挑んだ。最初は岩づたいに行ったが岩がでかくなって、二十〜三十メートルのそれを乗り越えていくか、海に入って泳いで迂回するかの選択になった。正確な島の一周距離とか地形など何も知らないでそういうことをどんどんやったバカモノだった。

やがて島にはいろいろ複雑な離岸流というものがあることを身をもって知った。一周するために陸から十メートルほど離れて泳いでいくが、場所によってはわが意に反して強い潮がどんどん島から離れていくように流れているのだ。

島に戻るためには一時間ぐらいの力泳が必要だった。やっと岩にとりつくと三十分ぐらいそこから離れることができなかった。あの無謀は体力がなかったら確実に死んでいた状況だった。穏やかな海を眺めながらじいちゃんはそんな大バカ青春時代を思い出していた。

キャンプ地のほうからトオルのかきまわすカレーの匂いがやさしく流れてくる。

（次回に続く）

キャンプ場到着直後の記念写真。ここからはマスクをとって活動開始！

カメラマンのウッチーは１人用にしては明らかに大きすぎるテントを持ってきた

牛窓港から前島まではフェリーであっという間だ

目の前の砂浜からみんな並んでシロギス釣り

開放的なキャンプ場での青空麻雀は最高だ

〔上〕兄弟対決では太陽があっさり釣って童夢に兄の威厳を示した。〔下〕天野の仕掛けにはなぜかフグばかりかかる

# あつを君、男涙のタイ釣り作戦

## なんだかあやしい光景

自分らのキャンプ地の前でけっこうカタのいいシロギスがじゃんじゃん釣れるとあって、到着早々、みんなに気合が入った。見ていると能力、腕力、注意力にかかわりなくみんな軽やかにピチピチしたのをあげている。

キャンプ場のほうからはズンドー鍋でトオルが作っているカレーのそろそろできあがりつつある刺激的な匂いが、シロギス釣り隊の働く海岸にまで刺激的に流れてくる。

雑魚釣り隊にはめずらしい静かな活気に満ちた美しい光景だった。

そのうちシロギス隊の天野が突如として落ち着きがなくなってきた。しきりに背後のキャンプ地の草つき斜面のほうをうかがっている。

トオルの作っているカレーの刺激的な匂いは海岸にまんべんなくただよっているが、長年の習性を見ていて、これは野生動物に備わっている天野の特殊「嗅ぎわけ」行為がおきているとわかる。天野のシロギス釣りリズムに乱れが生じている。

「トオルはカレーのほかに何かやってるう！」

　天野の期待に満ちた質問が走る。

「ああ。あんたたちのことだからカレーだけでは収まるまい、と思ってさっきフェリーを待っているあいだに鶏肉を買っておいた。だからカレーと一緒に『揚げたて鶏のカラアゲ』もセットで食える、というわけ」

「えええ！　それは嬉しい話だなあ。この島は本当にいいなあ。エーゲ海の島だなあ」

　カラアゲとエーゲ海がどう結びつくのか誰にもわからないが、ディズニー映画の熊さんがおいしいものに出会ってしあわせな顔になるのを見ているようで気持ちがいい。

　そこから斜面をさらにあがったところでウッチーがなにやら大作業をしている。いつも軽装のキャンプ支度の彼が、三〜四人は軽く入れるファミリー型テントを建てているのだ。キャンプ用具もその他いろいろあって、先乗りした一人に聞くともう一時間ぐらいああしてタタカッテいるという。

　そこから少し離れたそこそこやわらかそうな草が生えているところには釣り部の岡本部長が大の字になりながらもクールに寝ている。いつも冷静沈着、某大手ウイスキーメーカーに勤務する無口で知的で健康的な男だ。おれがその様子を興味深げに眺めているのを見て、岡本と一緒にやってきたチームの一員が「岡本さんはいつになく新幹線の中から饒舌で嬉しそうにウイスキーを飲むこと、弁当を食うこと。その饒舌ぶりと健啖ぶりは心配になるほどでしたよ」と解説してくれた。

しかもクールな都会の一流サラリーマンが新幹線のなかに、彼のもっとも大事にしている釣り竿を忘れてしまい、それに気がついた仲間が持ってきたのだという。

まあやすらかにエーゲ海の風（カレー匂い入り）に吹かれて昼寝をしているのは、一流企業の社員の日々のアレコレにそうとう疲れていたことをあらわしているのではないだろうか。

その近くで大型テントを汗だくで組み立てているウッチーの状態はどうみても異常だ。この八つの牛の首怪物の宿る島は、エーゲ海などという美名に隠れて、ヒトのどこかにチラチラ漏れ出る怪しい磁場のようなものを噴出しているのかもしれない。

## 死に辛カレーの陰謀

トオルの、カレーができたぞう、という合図があった。鶏のカラアゲもたっぷり。トオルの手伝いをしていたショカツが小さい鍋（といっても十分フツウの大きさの鍋）で、本体のカレーにさまざまな味つけオプションの用意をしている。人呼んで死に辛カレー。これを定番料理にしたのは沖縄に逃げた西澤亭だ。彼は出来上がったカレーにラー油、カンズリ（新潟の極辛調味料）、コーレーグースー（沖縄の極辛調味料）、ベトナム製胃袋破りのドガンなどなどをぶちこんで極辛カレーを作り、みんながヒーハーヒーハー言って涙を流しているのを眺めてシアワセになっている、という基本的に異常乱暴男だ。

西澤が夜更けの人影がない頃を見はからってカレーにタバスコの大きな瓶を三本ぶっこんでいるのを見てしまったこともある。家政婦じゃなく、不眠じじいは見た！　のだ。

そうして本人は沖縄に逃げたが死に辛カレーだけは残った。

いまはトオルカレーの前にたちまち行列ができ、ウッチーも岡本もかけつけてきた。

まずはビールを飲みながら揚げたてカラアゲを齧り、アチアチアチなどと言いながら食いつづけて、極冷えビールをウグウグウグ。食物は変わってもおれたちのやっていることは何十年も同じだ。

そのうちにある程度スキッ腹に安堵感がくると「ウッチーはなんであんなに大きなテントを持ってきたのか」という話になった。

「いや、これには家庭的な問題がちょっと関係してまして……」

どうも今のところはそれ以上聞かないほうがいい、という雰囲気だ。

続いて岡本部長のめったにないヘロヘロぶりについての追及の矢が飛んだ。

「社会人になって最初に配属されたのが岡山での営業だったのです。岡山はいいところですよお。いい思い出がたくさんあります。里帰りじゃないけれど、今回はそこで釣りができるというので嬉しくて嬉しくて」

「それでヨロコビのあまり飲みすぎて新幹線の中に貴重な釣り竿を忘れそうになったんだ」と、それを発見したコンちゃん。

「まだなんか食いたいという奴がいたらさっき釣ってたシロギスをすぐにカラアゲにできるよ」

トオルが聞いたが、カレーの三杯おかわりなどが続いたので、さすがにシロギスは夜食か明日のおかずにすっか、ということになった。

夕食がてらひとしきり雑談がすむと岡本が黙って目の前の砂浜におりてそこらにあるでっかい流木を引っ張ってきて一カ所にまとめはじめた。いつものとおりだ。ドレイらが俊敏に浜に降りて薪集めに加わる。

その一方で太陽、三嶋、童夢、京セラ、ケンタロウの五人は腹をでっぱらせながらフェリーの着いた護岸に夜釣りにでかけた。

「瀬戸内の島の夜釣りなんていうと入れ食いに近いぞ。なんのサカナかわからないけれどよ」と太陽。

「にいちゃん、おれもそう思うよ」と弟の童夢。最近二人とも中年になってきて自然に仲がいい。二人とも別々の広告代理店に勤めているのだが、仕事の上でも中堅幹部になったようで兄弟ながら話にそつがない。

堤防には夫婦の先客がいた。獲物はアナゴだった。しまった。そんな情報を得ていなかったのでアナゴの仕掛けは何もない。

「どのくらい釣れるんですか？」

「いいときは一晩で五十本ぐらいですかね」

「ウヒーッ。天ぷらに最高」

と、うなりつつもこういう魚は独特の仕掛けがいるから目下はどうしようもない。ついでだからと近くに竿を出したが、もちろん釣れるわけはない。この話はこれ以上書いてもキャンプ地にもどって竹田に怒られるだけだからこれでおしまい。

## わしらの解放区、苦悩区

おれはキャンプ地でウッチーの話を聞いていた。彼はおれがアイスランドで見つけてきたプロのカメラマンだ。アイスランドのダートな道を見事なテクニックで走ってくれたのでそれを見そめた、というわけだ。

「実はここんとこ妻子とうまくいかなくて。あのデカテントもファミリーキャンプのために買ったんですが必要なくなっちゃって、コノヤロウと思って持ってきました」

二十人もの男が集まると悲喜こもごもだ。横のほうでは「あつを」がもそもそ聞き慣れない話をしている。彼は今年の四月に第一子を得た。

「瀬戸内海ではタイがよく釣れる。あつをのところは〝お食い初め〟はやったの?」とケンタロウ。

その言葉と風習ははじめて聞くことだった。東京ではあまりやらないような気がする。

赤ちゃんの生後百日〜百二十日あたりにタイと赤飯、お吸い物に煮物、香の物の五点。男の子と女の子は塗り物の碗の色が違うという。室町時代は「餅」を使ったという文献があり、鎌倉時代になるとタイが登場する。

等々ケンタロウが説明する。そうしてケンタロウは、我々の手でぜひその主役である「タイ」を、あつを本人に釣らせてやりたい、という泣かせる話をするのだ。

「おい、あつを、せっかくタイのいる瀬戸内海を前にしてるんだ。なにをグズグズしてるんだ」

なぜか岡本部長がいきなりゲキをとばした。

「よし、そうだ。明日はとうちゃんのあつをが自分でタイを釣る、というミッションだ」

岡本部長をリーダーにサポート隊としてコン、ザコ、ケンタロウという雑魚釣り隊の釣り名人がつくことになった。

さっそく岡本はタイ釣りの手っとり早い専門船に連絡をとった。吉井河口から出ている藤丸という釣り船に予約ができた。牛窓港まで迎えに来てくれるという。

その頃になるとあつをがこんなことを言いだしていた。あつをは「お食い初め」の儀式をくわしく知っていた。隊にいろいろ迷惑をかけるのはナンなので、東京を出るときからタイ釣りの仕掛け一式を買ってきたという。あつをはまだドレイ待遇なので、これまで釣り船などにはほとんど乗せてもらったことがなかった。

本人はそれがわかっていたからドレイ仕事のない暇な時間に一人で堤防などに行って釣りをしよう。そういうけなげな作戦を秘めていたそうだ。

でもその日は、雑魚釣り隊精鋭部隊がなんとしてもあつをに自力でタイを釣らせるぞーというミッションがどんどん動いていったのだった。あつをは自分で本を読んで研究し、東京の釣り具屋に行って一通りの釣り道具を買ってきていた。釣り場にむかう船の上でそれらの釣り道具の入った紙ケースをはじめてバリボリやぶり、説明書を見ながらリールを竿にとりつけたりしていたらしい。

岡本が言う。

「あんなウブで純な釣り人はじめて見ましたよ。でもしかし、その一心さは感動的でした」

そういうことだから絶対あつを本人になんとかしてタイを釣らせよう、と精鋭部隊は頷き合ったらしい。

**やがてでっかい……**

貸し切りの藤丸のミヨシ（前方の釣り座）に岡本とコン、真ん中にケンタロウ、その後ろ、船尾にザコとあつを。

先輩たちのアドバイスによってなんとか自分の仕掛けを組み立てたあつをは、いくらかの波しぶきをあびながら緊張している。初めての本格的な船釣りであり、目当てはいきなりタイなのだ。こんな人めったにいないだろう。

父は強し。

以下は「ザコの手記」より。

今回の釣り、タイラバは餌付けの手間もなく仕掛けもシンプルだからまあ、あつをでもなんとか一枚は釣ることができるだろう。そんなことをふああと思っていた開始十五分。

ふたつめのポイントでおれの後ろで竿をだしていたあつをがぼそぼそ何か言っている。

「ん？　なんて言った」

「ザコさん……。キタカモデス」

ん？　どこかの国の人がいきなり乗ってきたのか。ふりかえるとあつをの竿の先がぴんぴんぴん。完全にアタッテいるのだ。まさか船中ファーストヒットか。それをあつをがやりやがったのか。このやろう。とんでもねえオメデタ野郎だ。あっ、おれたちはオメデタのために釣りにきたのだっけ。

あつをが買ってきたピカピカの新品竿は超絶景瀬戸内海のど真ん中でぐぃーんと曲がっている。ビンビンビンビンビン。力強い生体反応で竿先はあばれまくっている。

これはわりあいデカそうだ。あつをは自分の人生で初めてタイをかけているのだ。

とうちゃんはやったぞー！　立派なタイを釣って、あつをは泣き出しそうだ

「あつを、そのままだぞう！　落ちつけえ」

コンもケンタロウもあつをの近くにやってきた。

「あつを、そのまま、そのまま！」

「一定の速度で巻くんだぞう」

「バラす（逃がす）なよお」

「バラしたらお前の人生、ザコみたいになるからなあ」

「あつを！　あつを！　をうをう！」

もうまわりのほうがコーフンしてなにがなんだかわからないことを言っている。

そしてあつをはやった。とうちゃんはやった。船長の差しだしたタモにガッチリ収まったタイは見た感じ一・五キロぐらいか。いきなり目標達成。大金星。

あつをはこのあと六枚もタイを釣り、誰かが使うだろうと東京から重い釣り道具を運んできたコンちゃんの釣果は一枚。でも満足げだ。『つり丸』という釣り専門誌で長いこと仕事をしてきたコンちゃんはこういうときの新人教育に特にむいている。

その他のメンバーの釣果はザコ二枚。岡本部長はさすがの七枚。ケンタロウはカメラに専念。

あつをは妻に涙声で電話している。おれも彼の性格のいい美人の奥さんを知っているから、このプロジェクトはおれたち雑魚釣り隊のバカ釣り行動の歴史のなかではいい体験になったようだ。

## 濃密で幸福で何もない夜

キャンプ地で基本的にそれぞれ好きなことをして、ひるめしはベースキャンプ周辺で手わけして釣った三十匹以上と、昨日釣ったのをあわせて六十匹ぐらいのシロギス。それと天ぷらにすると悶絶級にうまいメゴチ。

それらの魚は仕事の素早い太陽がどんどん捌いてトオルがどんどん天ぷらにしてしまう。

これを具に大量のソーメンを茹で、冷し、みんなで丸くなってワシワシ食う。頭上には太陽ギラギラ。みんなコロナなんかすっかり忘れている。

「麺さえあればなんでもできる。元気ですかあ！」

おれはなにかに追われるようにドンブリ三バイお代わりした。トクヤじいもソーメンが好きでじゃんじゃん食っている。

「うまいなあ。おれがむかしつきあっていた女はソーメンを作るのがうまかったんだよお。もういっぱいおかわりー」

トクヤじいのソーメンノロケ話がいきなりはじまった。

体はレスラーのように大きいが繊細な心の持ち主である竹田は、このままでいくとソーメンがなくなるということを心配し、フェリーの時間を見てヤブちゃんに頼み、本土のスーパーにここらでいちばんうまいソーメン「島の光」を買いに行ってもらった。これでこのあと戻ってくるタイ釣りチームの分を考えずに「元気ですかあ！」と叫んでいるソーメンじじいを押さえ込むことができる。

それから一時間後。タイ釣りチームが帰ってきてタイはトオルの手にわたりたちまち大量の刺し身がドーンと現れた。さらに早技でタイの天ぷらも出てきた。

「あつを、おめでとう」

「おめでとう。おれらが先に〝お食い初め〟しちゃうことになるかな」

「大丈夫。あつをは自分の釣った三匹をきちんとクーラーボックスに収めているから」

トオルはまだまだいっぱいあるタイをつかって鯛めしを炊いた。

「羽釜でしっかり炊いてあるからいつ食ってもうめえぞう」

トオルはうまいものを作って人に食わせるのが好きなのだ。いつまでも友達でいたい奴だ。一段落した頃、岡本が釣りと同じくらい愛してやまない「海岸での流木焚き火」がじわじわはじまった。

はじける火の粉が付近に殆どあかりのない蒼い夜空に飛び散っていく。

「お食い初めミッション」成功を祝して乾杯！

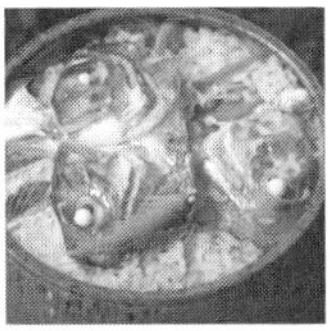

シロギス、メゴチ、それに前島産の野菜の天ぷらを載せた絶品ソーメン。羽釜で炊いた鯛めしと、釣りたてブリブリのタイの刺し身

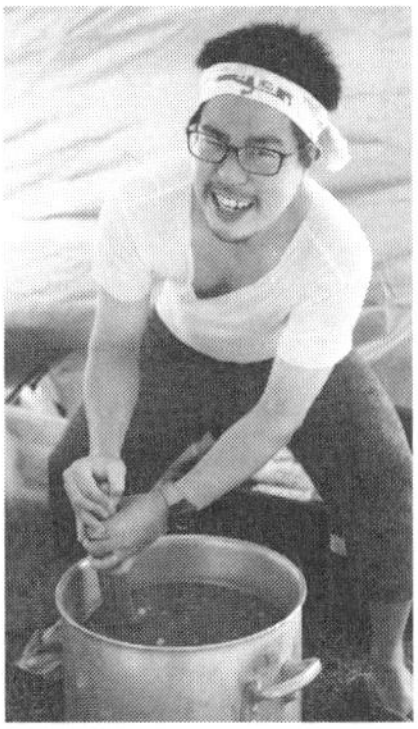

ショカツはズンドー鍋に入ったトオル特製カレーを休みなくかき混ぜる

初の瀬戸内海遠征もしっかり
流木焚き火で締めくくった

# 小樽で赤ワインがぶがぶだあ

## 発端は余市からの誘い

北海道放送からケンタロウに不思議な問い合わせがあった。北海道のコロナ禍にあえぐ町をはげますために、ぼくが余市町を訪れ、テレビ取材を受けてほしい、という企画の依頼だった。

余市にはむかしサクランボの山の上に山小屋的別荘をつくり、そこはぼくが二十年ほどのあいだに時々行く隠れ家だった。五年前に売却してしまったが、家の隣に大きなクルミの木と栗の木があり、石狩湾をそっくり見渡せるいいところだった。

一週間ぐらいの休暇がとれるとそこに行き、余市の海や川や積丹《しゃこたん》半島などいろいろ面白いタンケンにでかけていた。町の人ともたくさんなかよくなり、うまい北のサカナや果物など四季折々いろいろ楽しんでいた。懐かしく、いい記憶ばかりだ。

「あれからどうしただろう」

時々思いだし、東京に帰るよりも東京を引き払ってあの北国に本格的に移住したほうがよかったんじゃないだろうか、などと今や遅しの悔恨に泣いた。まさかやがて今のようなテレワークの時代がくるとは思いもしなかったが、拠点を北の町にしても問題はなかったのだ。そんな経緯があったので、ひさしぶりの北の町探索、は面白そうな企画だった。ケンタロウは便乗して雑魚釣り隊の海と川（余市川）での釣りに期待をはずませていた。

雑魚釣り隊はここ数年、どちらかというと本州の南を拠点にキャンプしていることが多かったからひさしぶりに北のサカナにご挨拶するのもいい。

そこで大勢で遠征しよう、と考えたわけである。ぼくも単独ではなく彼らにまざっての北帰行というほうが気が楽だ。

ケンタロウはまず一人で余市に行ってあちこちロケハンに動き、もうぼくの別荘はないので、別のところに二十人ぐらい泊まれる山小屋風合宿所のようなところを見つけてきた。ぼくが通っていたときには知らなかった青少年の各種研修村のようなところだった。

我々は青少年ではなく色黒おとっつぁんの群れだが、そこの管理人はおおらかな人で、自炊生活なら、という条件で泊まれることになった。もともと自炊生活しか考えていなかったから何も問題はない。

ケンタロウは早速十五名の予約をし、貸しフトン屋もお願いし、この町によく来ていた頃に書いていたぼくの「余市日記」を参考に町の要所要所を取材して回った。

はじめて余市を見たケンタロウもたいへん魅力的な取材場所になると確信し、雑魚釣り隊に「この秋の合宿は余市！」の連絡をした。

海にもコロナ規制や自粛がひろがっていて、この頃みんないささかフラストレーションにあえいでいたので「でっかいどうほっかいどう」（古いな）行きに沸きたち、それぞれ競ってヒコーキを予約した。

そうこうしているうちに北海道放送からケンタロウにまた連絡が入った。「申し訳ありません。諸事情により、予定していた企画が成立しませんでした……」というのである。

「でも魚はいるだろうから、雑魚釣り隊は当初の予定どおりでいこう」

おれたちの意志は固かった。

## トクヤの悩みは深し

参加者は十五人。太田トクヤは北海道岩見沢で育ったが、十九歳で単身東京にやってきてずいぶん苦労した末に新宿に居酒屋を四店経営するくらいになった。故郷に一人で暮らしていた母親が高齢になり、いろいろ心配なので彼の現在の住処、新宿のマンションに母親を呼び、北海道の家は売り払った。それでも北海道は生まれ故郷なので釣りにもサカナにも興味はないけれど雑魚釣り隊遠征に参加した。

メンバーの名嘉元は沖縄人だが、トクヤを師と仰いでトクヤの居酒屋で修業し、今は独立して新宿に二軒の沖縄居酒屋を経営している。彼を見ていると沖縄人の誠実さがよくわかる。

トクヤは新宿に居酒屋のほか三つの芝居小屋を経営している実業家だがこのコロナ禍でえらい目にあっている、ということは以前ちょっと書いた。給料の最低保障と家賃あわせて毎月二千万円以上がいわゆるダダ漏れの日々をおくっていたのだった。

ぼくと歳が同じということもあり、彼が新宿に最初の店（池林房）を開店した頃、ぼくはモノカキになったばかりで新宿を飲み歩いていて偶然その店にフラフラ入っていった。小柄なトクヤは居酒屋の親父によくある髭面にあちこち汚れたTシャツ、味噌樽を連想する前掛けをしてハチマキなどというのと違って、坊ちゃん刈りに近い髪に清潔な白いシャツを着て愛想よく北海道の子熊ちゃんみたいに挨拶してきた。

何を話したかわすれたが、なんとなく意気投合して、以来その店はぼくが東京でもっとも愛する店になっていった。

アレ？　こんな話を書いていると北海道遠征の話はなかなかはじまらない。でもこれにはいろいろな配慮があって、ケンタロウから言われていたのだ。

「できれば、今回のハナシ、前編、後編の二話にできませんか？」

二話にするとケンタロウは楽である。週刊誌の編集者がいろいろたいへんなのは分かっている。そんななかでケンタロウはよくやっている。

そこで時折人情として強引に二回に引き延ばして書いたりする。そういうときは「ケンタロウ、寿司でも奢れよな」とぼくは言う。「わかりました」ケンタロウは快活に答えるが、まだ一度も奢ってもらったことはない。八年やっていてですよ。

初期の頃は回転していないまともな「寿司屋」で思うぞんぶん、というセンでいつか実現するのを夢みていたが、今日までそれは一度も実行されていない。それでもおとなしいシーナ君は文句を言わないのだ。

「いつかそういう日がくるだろう」と思っていたら呼んでもいない「コロナ」がきた。コロナがきて状況はいろいろ変わってきた。

ずいぶんむかし、たしか「ライフサイエンス」という本を読んでいた。まだ仕事としてＳＦを書く前の頃だったが、なにげない日常生活を科学の目でみるとずいぶんいろんな発見があって面白かった。

その中に「飛沫」の話があった。我々はヒトと接するときいろんな近接距離で話をしているが、通常、ヒトが喋るとき口から吐き飛ばされる「唾」の飛沫は、平均一・五平方メートルというものすごい範囲に届いているらしい。

たとえば寿司屋の親父が自分の口のすぐ下で握っている寿司は親父の唾まみれ、ということになる。よくお喋りな寿司屋の親父がいてずっと喋り続けていたりするからなあ。

このコロナ禍で人間の口からの飛沫の凄さが広く認識されてきたのはいいことだ。だから思う。

八代亜紀さんも歌っているように、

「酒場の女は無口なひとがいい」

ついでに「寿司屋の親父も無口がいい」

だから「ロボットに握らせて黙って静かに回っている回転寿司はエライ」

「ケンタロウ。回転寿司でいいからそろそろ本気で連れていけえ」

こんな話を書いているとますます雑魚釣り隊の話はどこかへ行ってしまう。まあ二話にすることになったから仕方がないんだけれど。

## 小樽のワイン工場に乱入

我々は新千歳空港に到着。今回の参加者全員揃っている。太田トクヤ、名嘉元、岡本、竹田、コン、ザコ、ベンゴシ、太陽、童夢、ウッチー、京セラ、ケンタロウ、トクヤの弟子のオザワ、大阪からヤブちゃん。ぼくをいれて十五名。みんな遠いところから、よく来たもんだ。すぐにレンタカーで小樽にむかった。そこに北海道ワインの本社と工場があり、トクヤはそこの株主の一人なのだ。

余市の取材は消えたが、北海道放送はそこでのおれたちを取材したい、という。長いつきあいなのでトクヤと北海道ワインの嶌村公宏社長は仲のいい友達みたいだ。

「ここに並んでいるガラクタは東京の仲間。この人はここの社長。みんな挨拶するように。で、社長はできたてのワインをおれたちに好きなように飲んでいい、と言うんだ」

「わあ」

「わあ」

「むわあ」

十五人の悶絶喧騒がはじける。

北海道ワインの本社は海を望める山の上にあり、海を展望できるアズマヤと本社の会議室で、飲み放題のキケンな宴がはじまった。

ヌーボー系の赤と白。ぼくは都会でめったにワインは飲まないのだが、高台にあるアズマヤでいい空気に囲まれながら飲む新鮮なワインがこんなにうまいとは。

嶌村社長がやってきて「本日はちょうどタイミングがよかったので酒税法で持ち出しが禁じられている、醸造所の中でしか飲めないベビーワインを飲んでいただきたいと思います。発酵途中のワインです」。

フラスコに入ったベビーワインはニンジンのような薄い赤色をした微発泡。これならいくらでも飲める、とまたしても隊員たちはガンガン飲みだしたがアルコールは二・六八パーセントらしい。ブドウジュースのようなものである。

果たしてその貴重さが隊員たちにわかったかは疑問だ、とケンタロウの取材メモにはある。

しかしここでいつまでも宴会をくりひろげているわけにはいかない。昼飯を食わねば。竹田の買ってきた各種弁当が並べられた。

「じゃあ隊長から」

「おれはコレ。一番高そうな海鮮えぞ弁当だな」

トクヤ「おれも〜」

名嘉元「じゃあおれも」

あとは「鮭弁当」「笹寿司」「秋の御馳走御膳」がそれぞれ三つずつ。タタカイの早取りがはじまった。

競うようにワシワシ食ったあと、本来の目的地、余市にむかった。余市の別荘を引き払ってから四、五年になるだろう。そのあいだに小樽から余市まで高速道路が延びていてびっくりした。一般道を行くと三十分ぐらい。高速で行っても二十五分ぐらいじゃないのかなあ。あまりピンとこない。

## シーナマグロが待っていた

今回我々が宿泊したのは「余市教育福祉村」というＮＰＯ法人が管理している施設で、広大な斜面の敷地にいくつかの建物があり、その真ん中へんに我々が泊まる大きなコテージがあった。

ケンタロウが九月のロケハンに来たときに観光協会の伊藤二朗さんがいろいろとりはからってくれて泊まれることになったらしい。

見渡すと非常に心優しい施設で、子供の遊びや教育に目をむけた施設の集合体らしく、どうもおれたちのような品性のない親父が泊まるにはやや問題があるような気がした。わかいもんがクーラーボックスいっぱいのワインをわっせわっせと運んでくるのをケンタロウは「静かに、めだたないよーに」などと低い声で言っている。

料理長のザコが台所施設を一望し「調理場は広い。料理関係の用具もちゃんとしている。まったくモンクないね」。

「フロアは広いし、二階にも寝場所があるし雑魚寝するのに文句あらへん」ヤブちゃんが言う。

「人数分の貸しフトンを頼んでおきました。もうすぐ届くはずです。童夢とベンゴシは観光協会に行って事前に送ってあるクーラーボックスを回収して、ここに戻る前にとりあえずサッポロクラシック百缶ぐらい買ってきて。他の人はレンタカー二台にわかれてとりあえず必要なもの、そうでもないようなものをよく考えて買ってきて下さい」

ケンタロウがテキパキ言う。

まったく最近のおれたちはさして役割分担とか打ち合わせなど行わずにどんどんコトが運んでいくようになった。

その一台の食料確保のクルマにはおれとトクヤ、ザコにケンタロウそのほかヒマなやつが乗った。行き先は、余市にきたらいつも真っ先に寄ってその日のうまい魚を買うことになっている新岡商店だ。魚屋さんである。

ぼくがはじめてこの町にやってきた頃、スーパーではなく戸建ての魚屋さんが六〜七店もあって驚いたものだ。

この町には漁港があり、毎日旬の魚が水揚げされている。新岡商店はその中でも間違いなくとびきりうまくて新鮮な魚を揃えているので人気だった。

積丹のほうに遊びにきた市外の人も評判を知っていて、休日の夕方などはお土産の魚を買う人やクルマがいっぱい並んでいる。

余市によく来ていた頃、ぼくはレンタカーで夕刻近くになるとこの店に行って新岡さんにうまい魚を教えてもらい、その夜の宴の主役にしていた。

数年ぶりにそのお店にこっそり行ってご主人の背中を叩いて驚かそうと思っていたのだが、どうやらケンタロウがその日のぼくの作戦を伝えてしまっていたらしい。

お店は以前と変わらない状態で、相変わらず、旬のうまそうな魚がいっぱい並んでいた。

レンタカーから降りていったぼくはめざとく新岡さんに見つけられてしまった。

「あいやー。何年ぶりですか」

「四、五年ぶりですよ」

互いに力強い握手。

「プレゼント、用意しておきましたよ」

新岡さんはそう言って奥から大きなトロ箱を持ってきた。中にはマグロが一匹。十一キロの本マグロだという。ぼくの名前を書いた紙が貼ってある。

「これじゃあ椎名誠マグロっていうサカナみたいだな」

と竹田が言う。

「よーし。じゃあおれたちでシーナマコトを食べちゃおう」とトクヤ。

偶然二日前に近所の漁港であがったらしい。その頃、ケンタロウが我々の余市襲撃の電話を入れておいたらしいから、完璧なタイミングだ。

新岡商店に行くとぼくはいつもマグロあがってないですか、と聞いていたものだ。

「これ一本。今夜食べてください」

新岡さんは喜びのナミダを浮かべて嬉しそうに言った。互いに健康だったことを喜びあう。奥さんやプロレスラーみたいに成長した息子さんもかわりない笑顔だ。

ザコがさらにあちこち眺めまわし「ヘラガニというのは味噌汁にしたらよさそうですね」と聞いている。

トクヤが「ホッキ貝のバター炒めを食べたいよお」と、ザコにねだっている。

ザコは我々おとっつあん一家のおかあさんのようになっている。

まだ釣りに出ていないが本日もうまい魚介類の宴になりそうだ。

（次回に続く）

新岡商店はドーンと「椎名誠マグロ」で雑魚釣り隊を迎えてくれた

隊長思い出の地・余市の前に、小樽の「北海道ワイン」でワインをガブ飲みするのだ

北海道放送の取材を受ける隊長とトクヤ。新作ワインにふたりともご満悦

コロナ禍で大変な日常を離れ、故郷・北海道にきたトクヤはとても嬉しそうだ

（右上から時計まわりに）新岡商店のご主人がさばいてくれた山盛りのマグロ、枝豆とトウモロコシはもちろん地元産、ホッキ貝の炒め物とヘラガニも超絶美味！

美しい余市町の丘に建つ赤い屋根のコテージが今回の宿舎だ

# 石狩湾に攻めこんで五種二百匹

**狂乱のおとっつぁん**

北海道の小樽の先、余市にいる。正しい青少年育成のために建てられた合宿施設に居ついたあまり正しくない中高年親父集団＝雑魚釣り隊十五名。

ここと交渉して宿泊許可をもらったケンタロウは「見苦しい服装のまま屋外に出ないように。たとえば赤白紫縞々パンツ一丁のままゴミなど捨てに行かないように。うっかりそうしちゃったヒトは自分をゴミ捨て場に捨ててきちゃうように」などとうるさく忠告していた。

合宿がはじまると一群のリーダーは料理長の「小迫剛」になる。コザコと読むのでこの人は我々ザコ釣り隊のために生まれてきたようなものだったんだ！　つまりわしらの世界のキリストのような運命にある人なんだ、とみんな勝手に感激し、もっぱらザコさまよ主さまよと呼んでいた。

ザコさまは若い頃にイタリア料理を習得し、その応用で、和・洋・中華・沖（沖縄）、露、ボルネオ、モザンビーク料理などにそれぞれ造詣が深い。

合宿当日はまず手分けして雑多な食料買い出しに走りまわり、古いつきあいの新岡商店から重さ十一キロのシーナマグロをいただき、幸先のよい宴会材料をモノにした。

ザコがさっそくその晩の献立を次のように組み立てた。

まずマグロは新岡さんがプロの腕で一匹ぶんをそっくりいくつもの大きなサクに切ってくれたので、それをザコがひと口百グラムはありそうな特大切り身にして大テーブルの大皿三カ所に並べた。

竹田のレポートによると「とにかくマグロと聞くとたちまち逆上する隊長（おれのことね）は、それを見るとすべての理性を失い（もともとあまりないけど）、一番大きな皿を両手で囲い『これ全部おれのだ。誰も近づくな！』と暴力的に叫び、あとはウーウー唸っていました」とある。

そんなひどい記憶はないけれど、すでに逆上していたようできっとそうだったのだろうとうなずくしかない。

その隣には生まれも育ちも北海道の太田トクヤがスーパーへ行ったとき「アッ！　唐黍《トウキビ》（＝とうもろこし）だあ！　これみんな買おう、すぐ買おう！　カネはおれがだす。カネならいくらでもだす」と売り場のトウキビの上に覆いかぶさるようにして足をバタバタさせていた。そのときのトウキビ買い付け団のかついできたものがザコによってズンドー鍋いっぱいに素早く茹でられ、小山のようになってマグロの隣で湯気をたてている。

「あーっ、それみんなオレのものだあ！」

「マグロはおれのものだあ！」

この我を忘れた爺さま二人をとりあえずみんなは放置して、ザコの手による宴会料理をどんどん並べていく。

ヘラガニは新岡商店でザコがまっさきに目をつけたものだ。これが大量の味噌汁になって出てきた。

ホッキ貝のバター炒めが出てくると「あっ！　それもぜんぶおれのものだ。カネならいくらでもだす。今だす。すぐだす」とトクヤが叫んでいるが、そっちまで囲い込むには手がたりない。東京から連れてきた弟子のオザワに「お前、それに覆いかぶされ！　カネならいくらでもだす」と命令している。

大量に手に入れた北海道ワインと、百缶買ってきた北海道限定ビール〔サッポロクラシック〕がずらっと並べられ、狂乱の北の宴が開幕した。

## 精鋭隊、暁の出港

翌朝早く、雑魚釣り隊釣り部の精鋭、岡本部長をはじめコン、ザコ、太陽、ベンゴシ、童夢の六人が余市港から「シーランチ」（加藤正樹船長）に乗り込んだ。大きな船だった。

風はなく沖合にもさしたる波はなく、雲の動きでいい天気になりそうだとわかった。狙うのはホッケやタラなど北の魚だ。


（ザコの手記・いわゆる隊長の晴れ男伝説について）

今回、北海道へ行く前から我々を狙っているように台風九号、十号が連続発生して急速に接近、なんだか方向的にも北海道が影響を受けそうな進路で、こりぁあ海は荒れてとんでもねえことになってんじゃねえかなあ、といささか不安な気持ちで余市に着きました。

到着した日に、買い物がてら海に行ってみよう、とケンタロウが言うのでオソルオソル海に出てみたら石狩湾はおだやかで、やっぱし隊長の晴れ男パワーはもはや孔明か神かといったレベルのオーバー霊長類（意味不明）で、ありがたやアリガタヤと係留してある船にむかいました。その船がバカでかくて安心しました。この段階でもう今回は大漁だろーなーって感じたのです。


北北西に約一時間走って、そこが最初のポイントだった。水深百〜百十メートル。釣り方はいたって簡単で、オモリが海底に着いたら少しあげて待つだけ。アタリがあったらちょっとあげてそのまま追加の魚をかける、ということの繰り返し。ある程度かかったら電動リールを巻くだけ。

岡本部長はジグが海底に着いたら、それを浮きあげ踊らせ、また落とす、という海底タコ踊りを続けていた。

（コンちゃんの手記）

北海道で船の五目釣りといえば「沖五目」という名の中深場の釣りが人気です。今回の狙いはその沖五目。ターゲットはホッケ、マダラ、ヤナギノマイ、マゾイ、ガヤ（エゾメバル）などです。

岡本部長以外のメンバーはピンクのバケ（サビキ釣りのハリについている疑似餌のようなもの）や魚皮バケのついた五本針仕掛け、エサはスルメイカを赤く染めたものや、小型のヤリイカ、それにカツオの切り身などです。普段はサンマを使うそうですが最近は不漁で高いため、今回は使いませんでした。五本のハリに交互にエサを変えてつけていきます。オモリは二百号と重いものを使いました。

## 釣っても釣ってもまだまだ釣れる

一投目から全員にアタリ。三十センチ前後のホッケと二十〜二十五センチぐらいのヤナギノマイがほぼ同時に釣れてきた。全員違う仕掛けを使っていたのに五本バリで四匹はかかってくる。パーフェクトも珍しくない。竿が重い。八十リットルの大型クーラーボックスがこの二種類でどんどん埋まっていく。このままでいくと本日はこの二種類で終わってしまうのではないか、と心配になるくらいだ。岡本部長などは「普段の船釣りの百倍アタリがある」などと言って大量の獲物をクーラーボックスに入れてはニタニタしている。船尾に置いたクーラーボックスを管理しているコンとザコはクーラーに入れておいた自分たちの食料や飲み物をだし、エサをだし、収納容積を増やしていったがそれでも追いつかないほど獲物はまだまだずんずん増える。犬は喜びそこらを走りネコはこたつで丸くなっている。

さらに収納容積を増やすためにザコは獲物のホッケを開きにして船上に干した。コンは「ほかの種類のサカナは釣れませんか」と船長にかけあっている。

反応よく「シーランチ」はすぐに別の海域に移動した。次の狙いはマダラという。これは少し大きめのエサをつかう。

収穫はまだ二種類の魚だけだが、みんなに余裕の笑顔が出てきた。岡本部長のニタニタ笑いはとまらない。

コロナに蹂躪されていた東京の一流会社に勤めるこの人は北の海の上でようやく心身とも解放されたのだ。どんどん元気になるのはザコも同じだった。

「マダラを最初に釣った奴にみんなが千円ずつご祝儀を出すってのはどう？　サイズは問わず！」

ザコが挑発する。

反対する者は雑魚釣り隊にはいない。たちまち六人は鼻息荒く持ち場に散会した。

数分してザコが「やったあ」と言ってホッケの兄貴ぐらいのサイズを釣りあげた。

「それ、本当にマダラかねえ？」みんなの疑惑の目が獲物に集まってくる。

よく見るとたしかに短いヒゲがはえていてマダラであるのは間違いない。ザコはたちまち五千円ゲットだ。

　すると太陽がおかしな提案をザコに持ち出した。

「ザコさん、ジャンケンしてぼくが勝ったらチャラにしてください。負けたら倍の二千円払います」

簡単に魚が釣れることに童夢はヨロコビとコーフンを隠さない

結果は全員の予想どおり太陽がたちまち負けた。すると太陽の弟の童夢（雑魚釣り隊ではこの二人を長崎のバカ兄弟と呼んでいる）が、「兄のカタキ」とばかり同じルールで挑戦。約六秒で返り討ちとなりザコはあっという間に七千円を手にした。

マダラはこの後サイズアップして三本釣れた。時間はまだ十一時。コンが「船長もう十分に釣れたので適当にアガってください」と頼むと「じゃあ最後に浅場に行ってガヤを狙いましょう。この地方ではこの魚が地元の人に一番人気がありますよ。刺し身、煮つけ、本当においしいですから」

と、提案してくれた。コンとザコはクーラーボックスの海水を抜き、なんとかあらたなスペースを作って船長推奨の次なる釣り場にむかった。

（童夢の手記）

最近釣りにハマっている。何をいまさらと思われるだろうが、毎日でも海に出たい。だから北海道遠征は楽しみの頂点だった。

ここでは仕掛けを海底に下ろした瞬間に釣れるので驚いた。それも多数掛け、しかも良型、こんなに簡単でいいのだろうか。これまではコマセを振るとタナを合わせろとか、テンヤでもっと早く上げたり下ろしたりしろとかいろいろ言われて、結局いつもあまり釣れなかった。ボウズのことも多かった。

しかし北の海にきて釣りとはこんなに楽しいのかとつくづく思いました。ホッケは釣れたらおとなしくバケツの中に神妙にしていたのでとても好感がもてました。だからひたすら感動していたらコンちゃんとザコさんが「もう釣りはいいかな」的な話をしているのを聞いて、ヒトのシアワセをそんな軽ーい感じでおわらせないで下さい、と思った。いつもちゃんとした魚を釣っているあなた達にはぼくのシアワセ感とコーフンはわからないのだろう、と思った。だから「竿をあげて」と言われても聞こえないふりをして粘って粘って、もうあと何匹か釣った。このへんはたぶんプールや海で親から「帰るぞー」と言われてもなかなか帰りたがらない子供と同じ心理ですかねえ。

この日の最終釣果。

ホッケ約七十匹、ヤナギノマイ約九十匹、マダラ四匹、ソイ五匹、スルメイカ四杯、それに最後に釣ったガヤがガヤガヤガヤガヤ（沢山）。

## 波止場にチカちゃんはいなかった

本拠地のコテージに残った連中は、携帯電話から入ったこの釣果にやや焦った。「おれたちだって雑魚釣り隊だ。釣らないのはつつしみ深いだけなんだ」とざわついていた。

魚群のいるところに突っ込んでいく船での沖釣り隊と比べると、漁港の船着き場から竿をふりまわす陸《おか》っぱり隊の狙うオサカナは、よほどタイミング（季節、時間、海水温度、愛情）の基礎条件が備わっていないとなかなか思いどおり釣ることはできない。

　でも余市ならば！

　と釣りオンチのおれでもかなり胸を張って言える獲物があった。

　石狩湾にはチカという容姿端麗、気立てもよく、食ってうまい小魚がいて日曜日など町の人はけっこう漁港に並んで竿を出している。サビキで簡単に釣れ、ワカサギにそっくりで天ぷらやカラアゲにしたらもうたまらない。わが別荘が健在だった頃、晴れた日曜日など山の上の家からクルマでよくそれを釣りに行っていた。回遊してくる時期だと一時間で五十匹ぐらい釣れた。だからみんなにそれを推奨した。チカちゃーん。帰ってきたよおー。釣り具屋に行って聞いてみると「それがねえ、どうしたわけか今年は一匹も港に入ってこないんですよ」というつれない返事。この町でのわが唯一の「ともだちのオサカナ」だっただけにその喪失感は大きかった。

　ふるさと（というわけじゃないけれど）は変わっていくもの、という寂しさを味わった。落胆していると沖釣り隊が威風堂々と帰還した。いかにも重そうなでっかいクーラーボックス。いくらか膨れあがった蓋から北の魚で満杯、というのがわかる。蓋をあけると、なかから金銀財宝は出てこなかったが、我々としてはそれ以上の大手柄の魚たちが光っている。

　全員昼飯前だ。しかしこれから二百匹ぐらいのリッパな魚をみんなで捌かなければならない。ヤブちゃんが買い物などで町をクルマで走っているときに「めっちゃ人気のザンギ弁当を見つけてしまったんねん！」と力をこめて言う。我々は誰もその正体を知らない。どうやら大阪でも知られる北海道の人気弁当らしい。

さっそく弁当買い出し部隊がでて、早くも缶ビールがプチンプチンとあけられている。どこの場所でも大漁の乾杯は気持ちがいい。

弁当を食ったらその獲物を早いとこ処理しなければならない。

雑魚釣り隊はつくづく成長したなあ、と思うのだが、それぞれ自然に役割がきまっていって、①ウロコとり係、②ハラワタかきだし係、③洗い係、④捌き係（洗われた魚をどんどん三枚にオロス）、⑤包み係（ヒラキにしたのを吸収のいい紙でどんどん包み、その次にラップでくるんでいく）。

二百匹の魚がこの工程にのってどんどん処理されていく光景は思った以上に壮観であった。ちょっとした魚処理工場を見るようだ。これで家の裏のほうにベルトが出ていてそこにどんどん缶詰になったのが流れてきていたらわしらの未来も少しかわりそうだ。

岡本部長が全体の処理すべき魚の量と流れ作業の稼働率を見て、「これはホッケは最終的に干物にするべきだな」と管理職の意見を言った。

さいわいその日は快晴。コテージのまわりには北のすがすがしい風が吹き抜けている。

「誰かホームセンターにいって干物ネットを三〜四個買ってきて」ケンタロウが言った。

雑魚釣り隊にはビールであろうともサケを飲めない非常に正しい隊員が常に二〜三人いてケン

タロウの指令に消防士のごとく、どどどどっと走ってクルマのほうに飛んでいく。

三十分後にはコテージのまわりに大きな網カゴが日差しを浴びていくつか風に揺れていた。おれたちにこんな豊かな風景はめずらしい。その夜は夜露をふせぐためフロアの真ん中にネットを干して二日めの大宴会のあと、おれたちはぶらさがったネットのまわりにザコ寝したのだった。

ハリ５本にオサカナ５匹。コンはあっさりとパーフェクト達成

これが北の海の底力！雑魚釣り隊精鋭部隊は加藤船長（中央）のもと、あっという間にクーラーボックスを満タンにしてみせた！

魚加工工場のような流れ作業。（写真上から）ウロコを落とし、ハラワタを抜き、流しでキレイに洗う。テーブルでは次々と魚が三枚もしくはヒラキにされ、外ではホッケがどんどん干されていった。出発前にホッケのヒラキを袋詰め。東京に戻った後、各家庭の食卓に並んだのだった

# 超A級のりまき大作戦

## サカナのわりふり

冬というのは釣りには制約の多い時期だ。雑魚釣り隊が結成されてから十五年ほどになるが、初期の頃のこの時期の釣りといったら、釣り船に乗ると大波小波のしぶきをあびてたいていびしょ濡れになるし、技術の問題でニボシみたいな魚が反抗的にあがってくるだけだった。楽しいことなんて何もなかった。

それでも経験年数を重ねてくるとコツを摑んだ奴がボチボチ出てきて、いっちょまえに食える魚をあげてくる。でも冬は釣れる密度が少ない。これは海にいるサカナよりも雑魚釣り隊のほうが人数が多いからだ。と、ある賢い隊員が言った。

「雑魚釣り隊も海の魚のように分散し、こっちも過疎化すればなんとかなるのではないか。政局における『小選挙区制』みたいなものです。食えない雑魚十匹よりも食えるイワシ一匹ですよ」

　みんなどこまで一票の重さをわかっているのか、こうして状況を書いている隊長のわしも本当はまるでわかっていない。もっとわかっていないケンタロウが膝を叩き「それはいい案だ。さすが隊長！」などと、いつものようによく考えることなく早速票のわりふりじゃなかった、サカナの種類と釣り場をわりふっていった。それによると本人の希望もあって、近頃メキメキ釣りの腕をあげている太陽が冬の高級魚ヒラメ狙いのリーダーになった。

　部下の童夢は太陽の弟。つまり兄弟船だ。それに三嶋、ヤブ、ショカツのチームが千葉県の九十九里片貝港に集まった。ここで事件発生だ。童夢がクーラーボックスを忘れてきたことが発覚したのだ。

「バカヤロウ！　そのまま海に飛び込んでクーラーボックスに変身して戻ってこい！」

　全体計画の責任者ケンタロウが電話で怒りまくる。本日は釣ったばかりの新鮮な魚の手巻き寿司を作って食いまくろう。という大計画が決まっていたのだ。

「船長さん、この船にクーラーボックス積んでないですか。カネならいくらでも出します」

　関西の中小企業の社長をしているヤブが交渉している。

「あのね。事前に言われてないかぎり、こういう船がカラのクーラーボックスなんか積んでるわけないべ」

「それじゃカラの発泡スチロールは」

「ねーよ。そんなの風で飛んじゃうだろ」

「そうか。あの、あの、えーと」

## ケンタロウチームは冬のアジ狙い

その頃、ケンタロウをリーダーとするアジ釣り班は金沢八景の黒川丸に乗っていた。山崎、快（西澤の息子）という少人数だ。

「この船の下には沢山のサカナがいる。大勢で釣るよりも一人あたりいっぱい釣れる、というわけだ。つまり小選挙区制」

下手に口をだすと無知識がバレるから山崎と快は黙っている。

アジ班は七時三十分に出港してポイントまで十五分程度だった。

「こんなに近くでいいんですか」

あまり釣りに慣れていない山崎があたりを見回しながら言う。

その日のアジ釣りは「ライト」と呼ばれるもので、オモリにもなるコマセが入ったビシは四十号。天秤の先には二メートルの仕掛けをつけ、二本のハリには赤タンというイカを染めたものをつける。こいつを投げて底についたら五十センチずつあげながらコマセを撒いていく。底から二メートルほどにビシがきたら後はアタリを待つだけだ。この釣りが好きなケンタロウは順調に威勢のいいアジをあげていく。

他の二人はまだ沈黙している。

「オレがアタるってことは魚がいるってことだから、タナ（深さ）をいろいろ調節してみて」

ケンタロウはいまや雑魚釣り隊釣り部の幹部だ。

その釣り部の岡本部長はルアーによる大物狙いに出ているが、部長につきあえるのはコンちゃんと海仁ぐらいしかいない。その二人は本日休みなので、岡本部長は茨城県の波崎から単独で釣り船に乗り「あとを追うなよ」などとカッコいいことを言ってどこか白波のたつ沖に向かった。

その頃、アジ班ではついに山崎の竿がぐぃぃぃぃんと海中へ引き込まれていた。

「わあ、アジってこんなに引くんですか」

山崎の顔が紅潮している。

「サバかなあ。いい引きだあ！」

ケンタロウもコーフンしている。

あがってきたのは四十センチ近いアジだった。山崎はこの一投で全身が釣りの世界に没入したに違いない。

良型のアジを釣った山崎は釣り部への入部を検討中らしい

## 生き餌の身にもならないと

クーラーのない太陽ヒラメチームは一時間半でヒラメ狙いのポイントに着いた。少々うねりはあるが、常にバランスをとっていれば底は比較的とりやすい。しかし船長の言うことにはこのあたりの海底はあちらこちらに根（岩礁）があるので根がかりに注意せねばならない。

船長の言うとおりみんなの根がかりがはじまった。このヒラメ釣りのエサには生きたイワシを使う。銀色の体のあちこちをいろんな魚に狙われ、カジカジされる。そんなところから早く脱出したいのに根がかりで逃げることもできない。根がかりしなくても最終的にはヒラメの胃袋の中でどっちみち助からないのだから、イワシにとってはたまらない。

釣り始めてから三十分経過した頃、童夢に初ヒット。いわゆるソゲといわれる一キロ未満のヒラメだったが、一番乗りだからこれは嬉しいだろう。長崎のバカ兄弟は弟が兄をだしぬいたのだ。

二匹目も童夢がソゲをあげた。

「ばかやろう！　もっと大きいのを釣れ。クーラーボックスを忘れたくせに」

バカ兄弟の兄がみんなの意見を代表して言う。

（童夢の手記）

ヒラメ釣りは二年ぶりだった。勝手に「ヒラメ王」を名乗っているバカ兄との兄弟対決になるのは目にみえていたから相当楽しみで、動画など沢山見て学習してきた。焦ってアワセをいれないようにすれば勝利はこっちのものだ。オモリをほぼ海底につけつつ生き餌のイワシを海底サンポさせておけば勝手にヒラメが寄ってくるはずだ。そう思っていると、きた！　一キロないサイズだが初物だからいい。すぐに活き締め、血抜き、神経締め。そうしているとすぐに二匹目がきた。イヒヒヒ。どんなもんだい。

（太陽の手記）

童夢が二匹釣ったあとボツボツと船中で誰かにアタリがある。ショカツが小さいカサゴを釣った。「よくそんな小さいのを釣れるね」童夢がいい気になっている。

「お前のヒラメもめちゃくちゃ小さいぞ。沖を漂う枯れ葉かと思った」

そう思っていると、ヤブちゃんが「やったでぇ」と言いながら思いきり竿を振り上げた。ソゲが釣れていたが、船長室の窓ガラスにもうすこしでオモリがぶつかりそうになり、「これ割れたら弁償金高いぞ！」と船長に本気で怒られていた。みんなの心配をするより、そろそろ本気で釣らないとケンタロウに叱られる。

結局、ヒラメ釣りはトータルでは太陽の勝ちだったようだ。

太陽―ソゲ２、マハタ１

ヤブ―ソゲ２

三嶋―ソゲ1
ショカツ―マハタ1、カサゴ1
童夢―ソゲ2

一方、アジ班ではアジのアタリも遠のき、終了の時間がちかづいていた。このタイミングを待っていたかのようにケンタロウに久々のアタリがきた。アジ部隊のリーダーとして最後の必殺技を隠していたようだ。

竿が大きく曲がり、ミチイトがぐんぐんとまっすぐに海中に引き込まれていく。あきらかにアジの引きではない。

ケンタロウが隣にいる快に「これはアジの引きじゃないよ。たぶんタイだ」と言うと、快は「えっ！」と驚いている。

ケンタロウはそう言った以上バラさないようにゆっくり慎重にイトを巻いている。やがて海の中に魚の影が見えてきた。残念ながら「赤」ではなく「黒」だったが、それでも四十センチ以上ある立派なクロダイだった。

タイミングを合わせるように快の竿も弓なりになった。本日はじめての快の獲物は本命のアジだった。

## コンちゃんのイカみやげ

今回、ケンタロウは作戦として「軟体チーム」の結成も考えていた。イカやタコである。雑魚釣り隊には「イカタコ命！」と放吟してゆずらない少数一派がいる。コンちゃんとザコである。この二人は誰に頼まれたわけでもないのに、世の中がスキをみせるとイカタコ釣りに行ってしまう。しかし取材の日は、イカさん命のコンちゃんは仕事で欠席だった。

ケンタロウは仕方がないので本日の獲物のバランスをよく見て宿舎に行く途中のスーパーでイカタコ系を買っていこう、と考えていたらしい。

しかし、昼前にコンちゃんから電話があり、マルイカが大量に捕れた（コンちゃんは釣り雑誌の仕事をしている）ので、あとから我々に合流する天野にあずけておく、という連絡が入ったらしい。

今回の合宿は一泊だけなので、獲物はこれだけあるともう大丈夫だ。

しかしその日、もっとも重要なチームがもうひとつあった。

手巻き寿司の主役とでもいうべき海苔の買い付けである。東京湾で海苔というと海に面した町に豊富にあるが、伝統的に「うまい！」ということになると下町の海苔である。江戸川、荒川、中川、中川放水路（新中川）が河口にむかったところに川と海の水がまざりあい、いい海苔が育っていく。うまい海苔が育つ場所は厳重な権利で保護された「海苔ひび」という海苔畑といってもいいような管理されたところだ。

満潮、干潮があるから海苔の苗（みたいなもの）は定期的に海水に洗われ、育っていく。真っ黒で艶のある特級海苔を頂点に、そこに青海苔がまざる微妙味のものも結構人気があった。

黒海苔にくらべるとはっきりガサツに区分けされるB級海苔もある。これらはもっとレベルが下がるとこまかく粉砕され七味唐がらしなど沢山の香辛料に混入されていくが、各種ダニがこれを好み、かなりの率で潜入している。七味唐がらしをふりかける調節穴が竹製で開閉がルーズなところが怪しい。

したがって「八味唐がらし」や「デラックス十味とうがらし」などが管理の悪いそば屋のテーブルにおいてあったりする。

「あのそば屋のトウガラシの複合味ときたらたまりませんな」なんていう人気のある店は要注意だ。

それから海苔の等級もまことに幅広く、注意が肝心だ。七、八年前の伊豆七島の新島キャンプのときは三十～四十センチはあるサバの大群がおしよせてきて堤防から十人あまりで「サバダバサバダバ」とみんなで叫んで完全に狂った。

太竿でぶっこぬいてもぶっこぬいてもまだまだ釣れる。カツオの鳥山に入ったときのようだった。釣り上げても釣り上げてもまだまだずんずん釣れる。犬は喜びそこらをかけまわり猫はコタツでまるくなっていましたな。

　このときのキャンプはあまり炊事道具がなかったので海苔の上にごはんをひろげてちゃんと「巻き簾」の真ん中にサバの刺し身をいれて一本巻きにしておれたちはずんずん食べた。このとき一本巻きを作っていたのはオレなのである。イキオイで食っていったが悔恨もあった。

## 涙の手巻き寿司

海苔とコメだ。海苔ときたら上下の等級でずいぶんちがう。安いのはワラバンシではないのか、と思うほど素直に丸くなってくれない。Ｃ級海苔特有のあちらこちらに隙間があってすだれ巻きにしようとしてもごはんがはみ出てくる。

　まだ大人数のキャンプに慣れていない頃だったのでコメの炊き方もなっていなかった。

　コメ一合に水八、九シャクの基本がまるでわかっていない奴が多く、コメと水を同じ器で同じ量を計って炊いたりしていた。おまけにサケを飲みながらやるからどっちか一合ぐらいかぞえ間違えて、ガンダ飯（芯が残ったご飯）にする率が圧倒的に多かった。それでもしくじった釜炊きがハダカにされて岸壁から人間生き餌にされなかったのは隊長であるおれの歯がガンダ飯をガリガリかみ砕く島鬼神時代だったからだろう。

　書き忘れたが今回ののりまき大会には太田トクヤにもきてもらった。彼は韓国の済州島に取材に行ったとき、滞在中休むことなくむしゃむしゃ海苔ばかりを食っていたから、うまい海苔の選別に役だつだろうと思ったからだ。

しかし海苔を買いに浦安の老舗である田中屋海苔店に行くといかにも江戸前の粋なおかみさんが出てきたので、例によって太田海苔爺はたちまち逆上し「きれいな肌ですねえ。毎日海苔をいじっているとそうなるんですねえ」などとわけのわからないことを言っていた。

宿に着くと遠洋に行った岡本部長がカンパチとイナダを釣って帰ってきた。この人はまったく海の鞍馬天狗みたいだ。この獲物があれば明日の朝飯は刺し身定食だ。

川野はめずらしく痛風を発症していなくて、相変わらず気のいい笑顔で中学時代からの親友であるヤブちゃんに浦安海苔をおいしく焼く話をしている。七輪がない今はトースターで焼けばいい。

「トースターの蓋をあけしめして新鮮な空気を送り込んで焦げを防ぐんや。こうするとふっくら焼けんねん。それから四隅を持って光にかざして焼けむらがなければ合格や」

川野が焼き海苔の専門家のような顔をして言う。

「なーんだ、それさっきの海苔店でおかみさんに説明されてたとおりじゃないですか」

隣にいたダイスケにバラされている。

最近の雑魚釣り隊の厨房は自然に役割分担がなされていて各自、専門職のもと混乱なくテキパキ働いているので感心する。

太陽とケンタロウがまず魚を捌き、川野が海苔を焼き、サポートが山崎。ドウムは待ちかねたようにアラ汁の製作だ。あとはホカホカのごはんを待つのみ、という段階になった。

ところが飯炊き係の天野の様子が何か変だ。どうもこのコロナお籠もりでヤケクソ的にいろんなものを食ってしまった天野は危険ラインと自分で認識していた百二十キロを突破し、百三十五キロになってしまったらしい。一人相撲部屋である。その天野がいまにも涙ぐみそうだ。

「どうした？」

「あの、あの、ごはんが……」

厨房の空気が一瞬静止した。このあとのとんでもない顛末は次号に続くようで続かない。

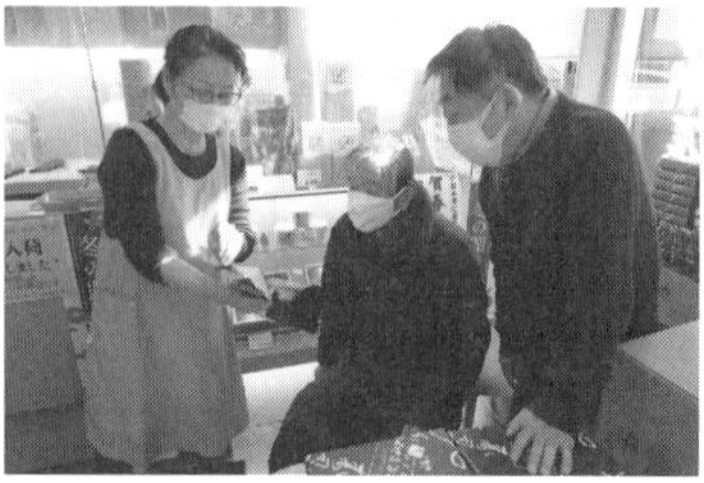

浦安の田中屋海苔店は昭和11年創業の老舗。田中弘子さんが海苔の種類の説明から焼き方のレクチャー、そして試食までとことん親切に海苔の全てを教えてくれた

高級魚のマハタも顔を出し、ヒラメ班は立派に役目を果たした

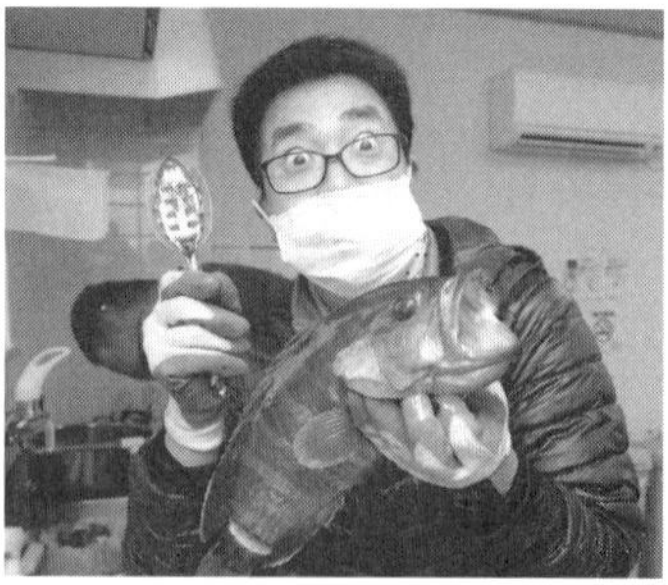

ショカツは旅に必ず「マイウロコ取り」を持参するほどのウロコ取りのスペシャリストだ

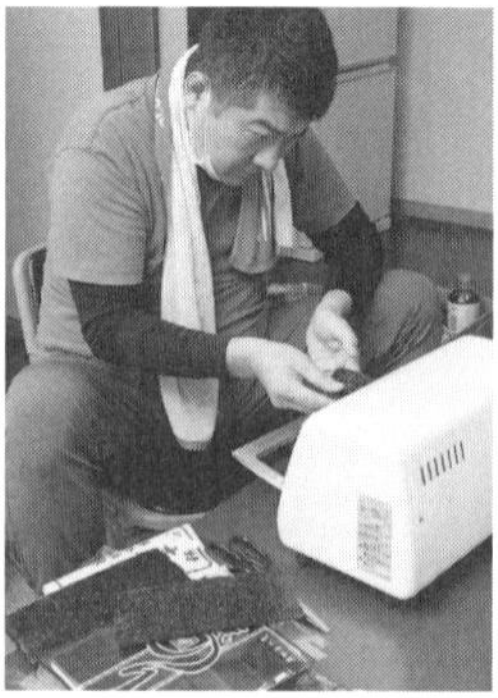

黙々と職人のように海苔を焼き続ける川野

童夢特製のアラ汁は旨みが濃くて絶品だった

ケンタロウが釣ったチヌは丁寧に昆布締めに

テーブルにドドーンと広げられたネタの数々。好きなものを好きなだけ巻いて食べる「手巻き寿司ざんまい」の夜が始まった！

# 寒風イカタコくねくね合戦

## どこでどんな魚を

空はケーハクに晴れているがさしたるヤル気はみせない。風にはどこかしらにあのいまいましいコロナウイルスのにおいがする。

雑魚釣り隊の本来である堤防釣りには海のオサカナさんを含めて世間は全般に冷たい。本当の漁師さんはまだ真っ暗な夜明け前に「おぅぉとこおー（男！）の船出でだえええ」などと演歌のテープを流して沖に行き、この時期狙える冬が旬の魚を追って牙風にたちむかっている。しかし、そういう漁業にからむようなものはおれらには無縁だ。

雑魚釣り隊もついに結成十五年を突破。春夏秋冬季節ごとの雑魚を狙っているおれたちにも意地がある。

なにか釣らねば。

幹部らが集まって「どうすっか会議」のようなものをひらいた。いつもの居酒屋は時短営業などで締めつけられ、店主の太田トクヤはやってられっかあ、と怒って店をしめ、伊豆あたりの温泉へ行って伊豆の踊り子と一杯やっかあ、という作戦を立てたがいままでそういうことをしたことがないし、ずっとこれまで新宿だけを歩いてきたから、伊豆の宿へなかなか行くことができない。

「で、なにか存在感のある魚がひらめいたかね」

秘密会議に顔を出してそんなことを聞いてきた。よほどヒマらしい。

「そうですねえ。季節に関係なく近場で存在感のある奴といったらイカタコぐらいじゃないか、ということになってきました」

「イカタコ？　イカとタコが融合しているのかね。なんかキモチわるいやっちゃなあ」

「いや、正確にはイカ、タコでした。おれたちこいつらなら慣れてますから」

日本人はイカ、タコ好きで市場でもすぐにさばけてしまうという。結局、そういうのをとってきて「コロナよ去れ。イカタコだって怒っているぞ宴会」をやるのもいいなあ、ということに決まった。

ここではイカタコと一緒くたにして話をしているが、よく考えるとこれらはずいぶん違う。

まず足の数が違う。タコは八本。イカは十本。なめんなよ、とイカさんが言っている。

数年前、初めてタコ釣りに行ったとき、作家としてまあ一応の基礎知識を、と二冊ほどタコさん関係の本を読んで行った。

　正式に紹介してもらうとタコは頭足綱─蛸形亜綱─八腕形上目のタコ目に所属しているようだ。名刺にそう書いてあった。頭足類である。頭の下に足がすぐあるところなんかすごい。決して怒らせてはいけないかたのようだ、というのがすぐにわかる。

「タコの眼は人間とほぼ同じ」とも書いてあった。

　そうなると釣りあげたタコと対面するとむこうもこっちを同じように見つめている、ということになる。しかも面会するとしたらたいてい陸上だろうからとらえられたタコはきっと「このやろう」とイカリに燃えた眼だ。

　タコは箱にいれても一～二センチの隙間があると体を変形させてたちまち脱出してしまう。これは実際に見た。

　漁師に聞いた話では夏など海辺近くの畑にやってきて好物のエダマメをかじっているという。酒のツマミが酒のツマミをかじっているんですよ、みなさんがた。

　もうひとつ感心したのはタコが活発に行動するには大量の酸素を必要とするため、本来の心臓のほかに、二カ所のエラの付け根にそれぞれサブ心臓のような器官があり、合計三つの心臓で活動をしているらしい。マラソンや箱根駅伝なんかに出場したら強いだろうなあ。

　さらに感動したのはオスの右第三腕の先端は特殊能力をもっていて、体内のヒミツの場所に溜めておいた精莢《せいきょう》（精子のカプセルですな）をこの右第三腕の先端が時に応じてひっぱりだし、接近に成功し、その気になっているメスダコに寄り添い、しかるべきところに「痛くないからね。すぐにすませるからね」などと言って挿入するらしい。

　これをさわやかな愛の時間といっていいのだろうか。「おーいタコさんよ、そんなにあっさりでいいのかよお」といやらしい人間はつい思ってしまう。

　メスダコだって八本も手足があるんだからもうすこしいやらしく複雑にからみあって、「あれー」とか「そこよもっと、そこそこ」などと言ってもいいんじゃないだろうか。

　イカは頭足綱―十腕形上目に分類され世界におよそ四百五十～五百種類もいるというから種族としては断然タコを凌駕している。しかも海面近くから深海四千メートルぐらいまで生息しているようで、もし何かの意見の食い違いで「海洋イカタコ戦争」が勃発したらタコに勝ち目はないだろう。しかもイカの仲間にはマッコウクジラと戦える巨大なダイオウイカがいるのだから。
　イカには十本の足があり、そのうちの一本（交接腕）はあきらかに挑発的、誘惑的で、これがタコと同じ精子の入ったカプセルをメスに渡す（※種類によって方法は色々）。タコと比べてイカの場合はその形態からしてささやかな気配がある。雌雄あわせて二十本の足があるのだがイカはみんなまっすぐ並んでたがいに一本の足（手か！）をつないで泳ぎながらいつのまにか、という〝青春期にありがちなさわやかな！〟気配のもとに、はずかしそうにコトをおこなうように思える、というのはエコヒイキというものだろうか。

イカもタコも船で釣りに行ったことがあるが、タコが八本の足を上にしてドバアーンとそれをあられもなくひろげているのを見ていると、真ん中の口が肛門のように見えてくる。この下品さといったらない。その点ヤリイカなどを船上に引きあげるとこのかたはタコみたいに狡猾に勝手に動き回れないから、その透き通るような白い裸身をよこたえ「はあ、もうダメ、なんでもして」と全身で言っているように見える。思わずかけよって抱き上げたくなるはかなさだ。

## 「渡りのタコ」という三下です

いけねえ。そんなことを言っているとイカもタコも逃がしてしまうではないか。

雑魚釣り隊の連中はイカ釣り、タコ釣り好きが多い。そこで双方に分かれて、例によって釣り競争をすることになった。

タコ組は岡本、コンちゃん、童夢の三人組。茨城県、日立から大洗沖のマダコを狙うことになった。船釣りである。朝五時に久慈港から沖にでる。タコ釣りに興味ある人はえっ？　茨城でマダコ？　と思うかもしれないが、この時期、ここらには「渡りのタコ」というヤクザみたいなのが大挙してやってきて、タコ釣り人も集まってくるのだ。

タコ釣りは「タコテンヤ」というなんだか不思議な形をした仕掛けを落とし、そこに「ムワーッ」とした何かが乗っかってくる。それがタコなんだけれどなんだか態度がはっきりしない。おれがいちばん好きな釣りはカツオみたいにかかった瞬間「このやろう！」などと言って逆走りに抵抗するようなやつだ。

　今回のタコ釣りではテンヤではなく、エビのような恰好をしたルアー（餌木）で釣るという。いい場所にくると海底はタコだらけらしく、一キロクラスのはすぐ釣れるらしい。釣り人によって様々だが童夢の仕掛けの餌木は四本。そのうちの一本には鶏の皮をまきつけておく。タコはほかにも豚の脂身などが好きでこのへんわしらの屋台のヤキトリ好きと気があうわけだ。

　面白いのは餌木にくらいついて、あっ、やられた、とタコが察知した瞬間、そこらにある石などを摑んで抵抗するらしいこと。たいていこぶしぐらいの大きさの石なのでそのままぶっこ抜かれてしまうらしいが、これはあのタコがーと考えるとたいした反応ではないか。フツー捕らわれそうになったとき、経験者ならともかくタコの頭でそこまで瞬時に抵抗するなんて、よく考えるとそこらでシンナー吸っているバカあんちゃんよりもはるかに防御思考があるような気がする。

　みんなコンスタントにそこそこのサイズのをあげていたが、やはり釣りのプロのコンちゃんが軽快だった。

　場所を移して、電動リールから普通の手巻きリールに変えてしばらくしてぐわっという感触があった。長年いろんな魚を釣っているからそれがなんだか彼にはすぐわかる。水深は四十メートル。電動リールのときはガンガン強引に巻いていたが、手巻きリールではそうはいかない。人間をあげるような重量感だ。二十メートルぐらい必死に巻いた。最後の十メートルは体をよじるようにしてひっぱりあげた。船長のさしだすタモのなかに無事おさまったとき、コンちゃんはほぼ放心状態。五・一キロの大物だった。タコの眼がイカっていたらしい。

コンが必死に巻き上げたのは5.1キロの大ダコだった！

## 釣り人たちのからみあい

イカ釣り部隊の隊長はイカ釣りがタマゴヤキより大好きなザコ。このところ海に出ていない海仁も参加して張り切っている。それからいつも大物をあげている宍戸。今回もイカはタコよりも大きくなる、という夢想に勝負をかけている。

毎回出場しているドレイの京セラはつい最近第一子を得た。数年前に最下位ドレイとして雑魚釣り隊に入った京セラを見ていると、人生まったく登り坂を行く一方、という時期があるんだなあと思う。こういう登り運をこれからもモノにしていけばいい。その逆になにかとヘタレやすい、とみんなが言っているのが太陽君だ。名前が大きすぎるのではないだろうか。それによろず世話人のケンタロウ。彼の釣りの技術、知識の吸収率はものすごい。

彼らもタコ釣り隊と同じ頃に小田原港を出港した。その日は強風で、やっとイカ釣りに出る釣り船を見つけたのだ。

今回狙うのはヤリイカだ。プラヅノというキラキラ光る細長いカラフルな仕掛けを落とすとそれに反応したイカが抱きつく、というキャバクラ構造になっている。

真鶴沖が最初のポイントで水深は百三十メートル。ザコ以外はみんなヤリイカ釣りがはじめてなので、船長の「やってみて〜」という指示にしたがい素直な幼稚園児童のように仕掛けを海に投じる。最初の二投までは船中はシーンとしていたが、三カ所目のポイントでケンタロウにアタリがあった。あげてみるとまぎれもなく本日第一号のイカさんがプラヅノにしっかり抱きついていた。

その次に宍戸にきた。「おっ」とみんなが宍戸に注目する。彼のことだからマグロ級のデカイカの可能性がある。しかし宍戸は「なんだこれは？」としきりに首をかしげながらリールを巻いている。やがてあがってきたのはイカの墨と足が一本だけという困ったやつだった。あげてくる途中で逃げられたらしい。

イカはまるごと大きな魚のエサになりやすいが、こういうふうに足と墨をコンビにして自分で脱出するということもあるらしい。

あまりいい反応がないので初島沖に移動。風はやっぱり強い。そこで海仁の竿がまがった。あげると五体というか足十本満足というべきか、つまりちゃんとしたイカさんが二杯プラヅノにしがみついていた。ヤレヤレ。

その次にザコがうめいた。「なんだあ、これは」同時に太陽が「おー、かんべんしてくれよー」京セラが「アヒアヒ」三人が打ち合わせしたみたいに同時に竿をあげた。

どうやったらこのようにフクザツにからみあうのかと首をひねるような三人オマツリだった。しかしそれぞれにイカがついている。全部で七杯。オマツリしちゃった三人の仕掛けをほどくのにとんでもない時間がかかりそうなので全部放棄。そのかわりイカを七杯収獲、という曖昧な妥協案におちついた。

宍戸は相変わらず足だけ海からひっぱりあげている。これが続くと彼は「ゲソの宍戸」と言われるようになりそうだ。

このあたりから風がさらに強くなり、船長判断で「早あがり」ということになった。

## タコめしがうめえよお

とれたてのイカタコが新宿三丁目の第二アジト「銀彗富運」に運びこまれた。本日の料理長は店主のトオル。助っ人にザコ。この二人がいれば無敵である。

近頃、料理の腕をあげている太陽と童夢の兄弟がタコのもみもみ担当になった。五キロの大ダコの塩もみを担当するのは弟。これが見ているだけで大変そう。もんでももんでもなかなかぬめりがとれず、兄弟汗だくになっている。トオルがフードプロセッサーを取り出してきて細かく刻んだイカの足をそこに投入。やがて出来上がったのはふわふわのトオル特製のイカのさつまあげだ。

新年最初の宴会、ということで酒はおれらに似合わないがワインの紅白。もともとこの店はビストロなのだ。それをいうなら五キロのタコの丸茹ではワインにあまりあわないが、さっきのさつま揚げがワインによくあうのなんの。

やがてタコとイカに、おれがわがままを言ってトオルに豊洲で仕入れてきてもらったマグロ三キロが加わったゴーカ盛り合わせが三皿出てきた。さらにタコめし。これがうめえことうめえこと。みんなうめえうめえ。と唸りながら食っている。

やがてヒマな大将・太田トクヤが顔をだした。

「おっ、もうお帰りかい。どうだった。伊豆の踊り子に会えたのかね？」

「行きかたはわかったけれどその前に経営がね。店は四店あるだろう。それに芝居小屋も。それらの家賃がずっとかかっていて、従業員の給料保障もあるからね。なんだかんだで毎月、結構な額の赤字だもんね。伊豆なんか遠いよお」

みんな急に現実に戻ってしまった。

「しょうがないからタコ食いなよ」

「ショカツがいれば景気づけにタコ踊りさせるんだけどなあ」

「今年は年初にダイスケが急逝してしまった。ダイスケはなんでも対応できる本当にいいやつだったよなあ」

みんなで献杯して榊原大祐の思い出話をする。

## 心機一転昇格人事

しばらくして年頭にあたり隊長の挨拶、ということになった。隊長といえばおれのことじゃないか。

ぐうたら隊長なのに前に立つとみんな静かになり話を聞いてくれる状態になる。申しわけない。ありがたいことだ。三分ほど話をすることにした。ひさしぶりに昇格人事の話だ。

歳は若いけれど遠征合宿や臨時の催しなどで結局いつも陣頭指揮にあたっている竹田聡一郎を副隊長に昇格。実質的には隊長である。

竹田が抜けた「若頭《がしら》（若い者頭）」のポストには橋口太陽がたぶん四階級特進ぐらいで就任。

二十年前に第一号ドレイとなった童夢を名誉ドレイに。という三役昇進だ。

童夢のそれを昇進というのか？　そういう人事を決めているおれもよくわからない。

2021年最初に狙ったのはイカとタコ！しっかりと感染対策（マスクに仕切り、並びも横一列に）をして宴会開始

エースの海仁は期待に応えてしっかりと良型ヤリイカを釣った

ジャラジャラと餌木をつけたド派手なタコ釣り仕掛け。さあタコさんいらっしゃ〜い

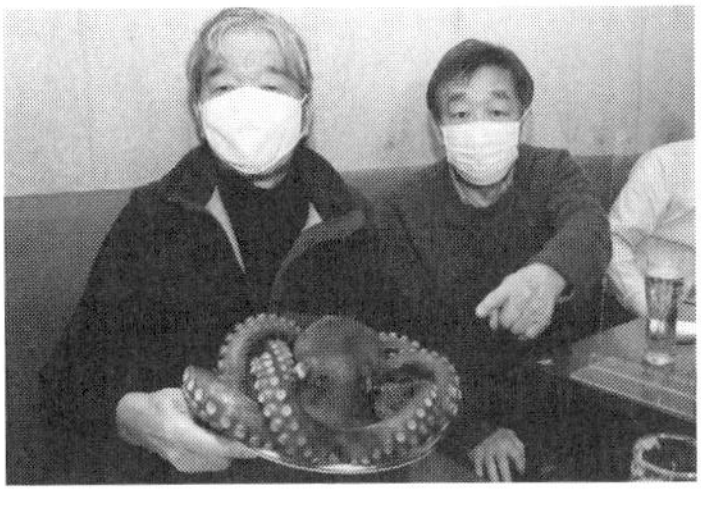

兄弟並んでひたすらタコをもむ太陽と童夢（右）。丸茹でした大ダコは皿に乗りきらないほどで、ハサミで足を少しずつ切りながら食べた

（左から）さつま揚げ、タコ飯に締めはザコ特製のイカタコパスタだ！　参ったか!!

# 海の男が作る酒の肴大会

## 怪しい手紙

三月のさなか、雑魚釣り隊全員にケンタロウから怪しげな「行動指令書」のようなものが届いた。

「謹啓、春まだ遠き今日この頃、皆々様におかれましては益々御健勝のこととお慶び申しあげます」からはじまる挨拶文は、どこかの会社から届いたなにかの案内状の文章をそのまま戴いたらしい。

おれたちは全然〝御健勝〟じゃないっての！　この格調高い文章はすぐに破綻する。

「さて、皆々様におかれましてはなかなかみんなで釣りができなくてうんざりしているんだと思うけれど、一人〜二人ずつぐらいでそこらの魚を釣ってみんなで持ち寄り、それぞれこの〝巣ごもり〟期間のなかで自宅で作ったりしてたんだろう自慢の一人肴をそれぞれ作り、そいつをみんなで食って日頃のウサを晴らしつつ、第一回雑魚釣り肴コンテストを開催したいと愚考を重ね、左記のような会場を確保いたしましたので万障繰り合わせの上ご参集願いたてまつり候。敬具」

　文面の最後のほうはまた何か参考手紙を見て書いているのがよくわかる素直な手紙だった。これを見てすぐに反応したのが、つい最近雑魚釣り隊名誉ドレイという栄誉を賜った（ケンタロウの借り物敬語文章を読んでいたらこっちまでおかしくなってしまったじゃねーの）長崎のバカ兄弟の弟、橋口童夢だった。

　童夢は十年程前はゴンズイやキタマクラなど釣って喜んでいたが、最近は急速に本格的な釣りとその料理に目覚め、仕事に暇ができると海に出ている。

「うす（オスのこと）。いきなりやる気が出てきます。その当日、こういう企画の黄金定番〝アジ〟をごっそり釣って品評会場に行く所存です！　ところで集まる場所はどこですか？」

　重々しい文章を書くのにエネルギーを使いすぎてケンタロウは大事な記述を加えるのを忘れていたみたいだ。でもそういうことも雑魚釣り隊はなんのそので、すぐにそれぞれが電話連絡でその日のおおよその個人戦略はかたまっていった。

## 東海の空にアジの大群雲がみえる

　まずその名誉ドレイの童夢だが、知らせを受けるとすぐに金沢八景の黒川丸に釣りの予約をとった。同時に技術指導として雑魚釣り隊ではプロのコンちゃんに電話した。

　面倒見のいいコンちゃんは自分もその会で魚を釣って料理する一員でもあったので、童夢の面倒を見るかたわらアジ釣りに参加することになった。

「で、その肴の品評会には何人参加すんの？」

「毎回雑魚釣り隊の参加メンツは大体二十人ぐらいですが、コロナ禍以降十五人ぐらいでおちついているみたいですね」

「それじゃ五十尾はいるな。釣りたてのアジフライはうまいからなあ」

　コンちゃんは空を眺め船頭のようなことを言った。

## 二人で七十四

　早朝、金沢八景から二人は黒川丸で沖に出た。船の上でコンちゃんがどう見ても無意味に興奮している童夢に軽いレクチャーをしていた。あとでわかるが童夢は興奮と緊張と過度な欲望のために一睡もできなかったという。

「あのな、アジはいっぱいいる。気負わずにいけよな。注意すべきはバラさないこと。このあたりのアジはお前よりも頭がいいからな。バラすと海の中の他のアジがそれを見て〝あっ、なんかヤバイ、みんな逃げろ〟と言ってみんな散ってしまうからな」

そんなことを言われると童夢はますます緊張してしまう。しかしさらに緊張している暇もなく最初のポイントで童夢に真っ先にアタリがきた。いきなりのことで動きがロボットのようになってしまった童夢はガキンガキンと角張った動作で、それでもなんとか海の上までアジを引き上げた。しかし、ますます興奮した童夢は焦って竿をヘンなふうに置いてしまい、ミチイトがゆるんでその最初のアジは絵に描いたようにピョンと飛び跳ねて「たいへんだたいへんだ。海の王さまにおしらせしなくっちゃ」と言いながら海に戻っていってしまった。

その隣ではコンちゃんが既にアジを三尾ほど釣りあげていた。

ポイントが移り、コンちゃんは「これからオレ三十匹まで超真剣に釣るからな」と言って矢継ぎ早に竿の出し入れを続け、一人入れ食い状態となっていった。それに刺激されて童夢も一匹ずつ丁寧に釣っていくことができた。しかしペースは鬼神のようになったコンちゃんが三、四匹釣るあいだに童夢は一匹という具合だ。

でもコンちゃんの技を見てだんだんコツをつかんでいった童夢はなんとか連続して釣りあげ、結果的に二人で七十匹ほど釣ったのだった。

## イカ釣り船の突撃

同じ頃、雑魚釣り隊釣り部の岡本部長と雑魚釣り隊のために生まれてきたようなザコ（小迫＝

コザコと読む）の二人は、伊東の宇佐美港から二階屋丸に乗って小雨のなかをアオリイカのポイントにむかっていた。今回の釣りはティップランエギングというなにやら難しそうな方法で、ポイントは川奈沖の三十〜四十メートル。

（ザコの手記）

岡本部長は本当にシャクリ（竿を大きく強く、素早く動かす動作のこと）の名人で、はたから見ていても惚れ惚れするようなフォームというか所作というか、なにしろ音が違うわけなんです。うまく書けないんだけど、大仰でそれでいてセンスよくしゅんしゅんいうてクネクネしよる。で、ピタッととめて。なるほどこういうのが闇を切り裂く、っていうかんじなのかもしれない。

もし場合が違ったら、竿をムチに持ち替えて新橋あたりのそういった変態仮面快楽倶楽部で仕事しても「あっそのしなりいいわいいわ」などと人気になって成功するんじゃないかなあ。

ザコがろくでもないことを夢想しているあいだに「おー乗った乗った」と部長のかろやかな声がして開始早々良型のマルイカ（ケンサキイカ）をあげた。

今夜の厨房をまかされているザコもこうしてはいられない。

その日の釣果。

部長、アオリイカ２、マルイカ１

ザコ、アオリイカ１

## 品評会場は熱海の古民家だった

今回の宿は熱海駅から歩いて十五分ほどのところ。かなり剣呑な岩崖に沿って七十八年前に建てられたという古民家をちょっと改造して宿にした立派なもので、広いし、風情満載のすばらしいところだった。

「ｎａｇｏｍｉ（和み）」という名称でザコの知り合いが経営している。一棟貸ししてくれたが、広いのでどこでどうしたらいいか最初はまごついた。熱海だからちゃんと庭に露天の温泉だってある。

夕食の乾杯は六時からだったが、各自持ち寄った酒の肴の材料で焼いたり、炒めたりするものは三時ぐらいから順番に調理をはじめた。

出し物は別に秘密ではなかったが、各自なんとなく隠れるようにして調理している。

釣りが好きな人は料理が好きな人が多い傾向がある。でも釣り人父ちゃんのしとめてきた魚介類が必ずしも家族が好きではない場合もある。父ちゃんは無理やり食わせようとするからかえって逆効果になってしまう、ということだってあるだろう。

いまどきはスーパーに行ってもなかなか魚が一匹まるごとのいわゆる「おかしらつき」で並べられていることはなく、綺麗に包丁がはいって切り身になっている場合のほうが多い。釣り好き父ちゃんの妻も、二十センチぐらいのアジをきれいに三枚におろせるという人は都会では少なくなっているようだ。

そういう風潮だから雑魚釣り隊の連中は、みんなけっこう「男の料理」ができるのだ。

さてその日の釣りの獲物で一番多かったのはアジである。

一番釣ったコンちゃんが「今の時期のアジはやっぱり素直にアジフライにするのが一番じゃねーの」という決定的な意見を言い、ケンタロウと童夢を従えて七十匹の下処理をやった。

そのケンタロウは「シーチキン春菊」というものをアジをさばく前に作っていた。野菜があまり好きではないケンタロウのために彼の妻が作ってくれたものらしい。洗った春菊を適当に切り、そこにシーチキン缶の油を少し入れ、その後シーチキンそのものを投入。ポン酢とマヨネーズを少しずつかけてかきまわしてあとは食べるだけ。簡単に作れてビールによく合うツマミだ。

## ウッチー、涙の手作りチャーシュー

愛妻肴のあとは最近離婚したばかりのウッチーによる「男涙のチャーシューとカブ漬け」が作られていた。作るといったって煮汁と醤油だけで味付けしたチャーシューに、カブの一夜漬けを添えるという簡単な内容。しかしこれがなかなか歯触りよくうまいのだった。

日本のどこでも自転車で行ってしまうという三嶋はＩＴ系のいい会社に勤めていたデキル奴な

のだが、少し前に突然退職。酒は飲めないのだがそのかわりコカ・コーラをいつも飲み、それを活力にして動いている謎のコークマン。

彼の出し物は「ちりめんじゃこの素揚げ」。ちりめんじゃこをフライパンにたくさん入れてオリーブオイルで揚げただけのしろものだ。男の料理は少しできるようになるとコーフンしていろいろウンチクを並べる人がけっこういるが、三嶋はほとんどゴタクがない。酒のツマミにけっこういけるし、ごはんにかけて食うと絶品だった。

岡本部長の出し物は故郷の鳥取でよく食べていた「アユの干物」。日野川の川原で七輪で焼くのが正統派と聞いたがこの宿ではハダカ火禁止だったのでトースターでちまちま焼いて食ったら、これぞ見事な酒の肴。「アユは塩焼きや甘露煮よりもこれが一番好きなんです」と岡本は遠くを見る目で言った。

## 父ちゃん偲んでタコの酢漬け

快君は沖縄に行ってしまった西澤の一人息子。ハキハキよく働くドレイからの修業中。彼が持ってきたのは「酢ダコ」。アメ横で買ってきたものだという。なんで酢ダコなのかケンタロウが聞いた。

「モノゴコロついたときから父がいなくなって、正月は毎年、母とこれを買いに行って新年に食べていたんです。今回急にそれを思いだしてひさしぶりに食べたくなり、ちょっと企画趣旨と違うとは思ったんですが、みなさんと食べようと持ってきました」

彼の父親の西澤は雑魚釣り隊誕生の頃から副隊長格としてリーダーシップをとっていたが、その頃からなぜか家に帰りたがらなかった。しばらく雑魚釣り隊メンバーが経営する沖縄居酒屋の小あがりに泊まっていたが、やがて雑魚釣り隊の秘密基地のような新宿のやはり親しい居酒屋のあるじの所有する九階だてビルの屋上におれたちが建てたゲル（モンゴルの遊牧民の住処である円形の巨大テント）に移ってそこにすみついていた。

ちゃんとした家があって奥さんがいて息子がいるのにそんなのでいいのだろうか、と思っていたが、おれたちは本人が自発的に話をするまでこちらからはなにも聞かないのが暗黙のキマリになっていた。

快の話を聞いて、そんなにむかしから父親（西澤）は家に帰っていなかったのか、と驚いた。ぼくは快が六、七歳のころ会っている。ほんわりした野球みたいなことをやった。あの頃は西澤もちゃんとした家庭人だったはずだ。

いろいろあって西澤は離婚し、しばらく雑誌の編集長をやっていたが、結果的には息子をドレイに差し出し沖縄に行ってしまった。今は那覇の広告代理店（むかし彼は大手の広告代理店でエリートだった）で元気に第二の人生をおくっているらしい。

それにしても快が父親の帰ってこないお正月に母親と二人で酢ダコを食べていた、という話は、その時代の家族のいろんな思い、つまりはまあ人生の機微と慟哭のようなものをいろいろ感じさせたのだった。

　どんな人間関係の齟齬があってのことか知らないが、はつらつとした快を見ていると「おーいその調子でしっかりどんどんいけよ」などとじいとしてのぼくは思うのだった。

## 深夜のサプライズ

　十五人もいるからそのほかにもいろいろな肴が登場した。

　大阪から来たヤブちゃんは陸前高田から送ってもらった「紅葉漬け」だった。鮭とイクラを漬けたもの、つまりは親子漬けだ。これはそのまま東北の名品である。どんなふうに食っても絶対にうまい。

　多才なコンちゃんは豊富にあるアジで「なめろう」を作った。粗めに切ったアジにミョウガ、ネギ、大葉と味噌をまぜ、丁寧にたたいた。どんな店のものよりもうまかった。

　真打ちはアジフライだ。アジの数が多いから下準備は三人がかりだった。三枚におろしたものに塩コショウをしてじゃんじゃん揚げる。揚がったアジは大皿に山となって宴会場に持っていかれると次の瞬間に皿からすべて消えた。うまさバクハツ。

　手があいたコンちゃんが「イカユッケ」を手早く作る。まったく多才な男だ。

みんなとにかくよく食っていた。酒も各種よくすすむ。このアジフライが本日の新趣向のクライマックスだろうな、と思っていたら突然びっくりするようなものが出てきた。

「アジの握り寿司」である。

それもケンタロウがサプライズで近くの寿司屋から取り寄せたものか、と見紛うばかりの上品で美しい「お寿司さま」である。

シロウトが握り寿司をやるとおにぎりにアジの半身をのせたようなのが出てきて、持ち上げるとごはんがボロボロおちてくるようなものになる。しかしその夜の目の前のそれは気品に満ちてたおやかに美しい。ひと口、いや半口で食べることができる。酢めしもしっかりしていて実に奇跡のようにうまい。

「だれだあ、こんなのを作ったのは！」

じいさま（私のことです）は思わず叫んでしまった。

まもなく厨房から顔をだしたのは童夢だった。

「すいません。わたしがやりました」

警察に出頭するような顔である。彼は怒られるかと思ったらしい。

「これはしみじみうまい。あと三十カンすぐさま握ってほしい」

（童夢の話）

一年ぐらい前から何故か天啓に打たれたように、握り寿司握り寿司、という文字が脳にみちた。会社に行くときに街ですれちがう人々の顔がタイやマグロやハマチに見える。

夜更けに妻子が寝ているのをたしかめて残っていためしを参考書をたよりに握ってみた。当然ながら簡単には実践にむすびつかない。これはめしの炊き方から考えねばならないと思い、妻に内緒で回転していない寿司屋に行って端っこのほうでその握り方を観察した。タコとかイカぐらいしか注文しないくせにいつまでも居すわっているヘンなやつだと思われたことだろう。

スーパーに行ってマグロ、サーモン、ヒラメ、タイなどの切り身を買ってきて妻に内緒で夜中に酢めしを作り、握ってみた。シャリは二十グラムだとちょっと大きく、十五グラムぐらいが丁度いいあんばいだとわかってきた。そういう練習を続けた。こういうのも独学というのかな。ちょっと自信がついたとき子供らの前にその手前寿司を持っていったら誰も食べない。子供らは回転していないのは寿司じゃないと思っているらしかった。しかし、寿司は味が勝負だ。それからも握って握って自分で食って練習を重ねていった。

感動的な話だった。彼の寿司をよくみると肉厚のアジに飾り包丁が入っている。薬味はすりおろしショーガと大葉と小ネギを刻んだのをまぜて上品に少量のせてある。これだけの技を持った奴が雑魚釣り隊から育ったのは奇跡的であった。

以前、本職の寿司職人であるりょーすけが雑魚釣り隊に加入し、キャンプ地でいろんな釣りたてのサカナをその場で握ってくれた。これはいい人材が入ってきた、と喜んでいたら、あるときアニサキスのアレルギーという聞いたことのない体質になってしまって寿司を握れなくなってしまい、いまはなぜか沖縄に流れ、西澤と泡盛を飲んでいるらしい。

まあこんなふうな経緯をもってケンタロウのもくろんだ「海の男の料理コンテスト」は感動的な深夜のズブズブ酒、いつもの堕落時間へと進んでいったのだった。

そうだ。忘れていた。今回の「わしらの必殺オトコの手料理大会」の優勝はこの橋口童夢君の黄金のアジの握り寿司に決まった。

コロナもびっくりして全員東シナ海方面に去っていくことだろう。

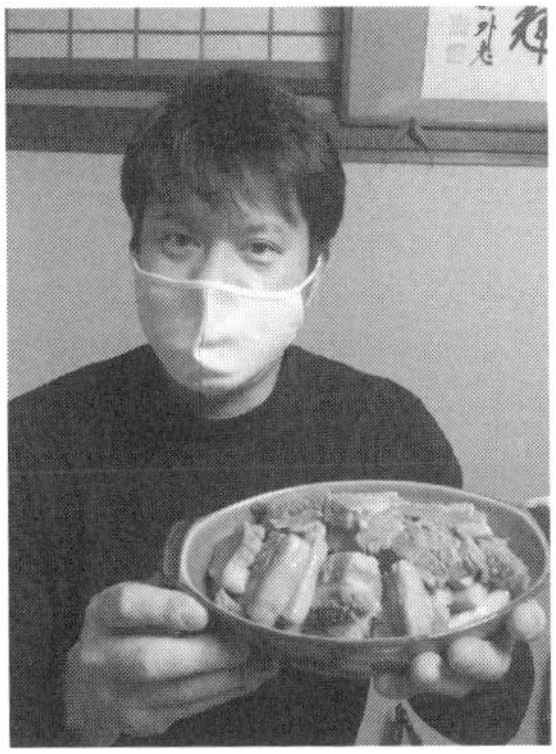

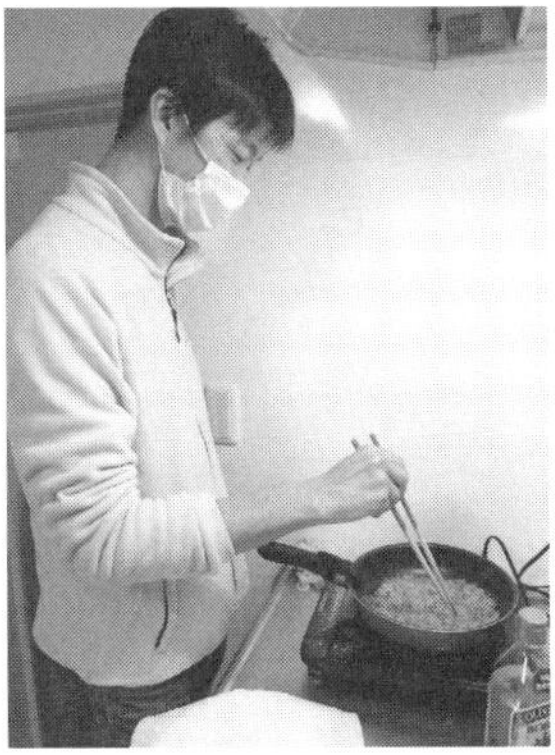

これぞ男料理！三嶋の「ちりめんじゃこの素揚げ」、ウッチーの「チャーシュー」、岡本の「トースターで焼いたアユの干物」。快はアメ横で買った「思い出の酢ダコ」を用意した

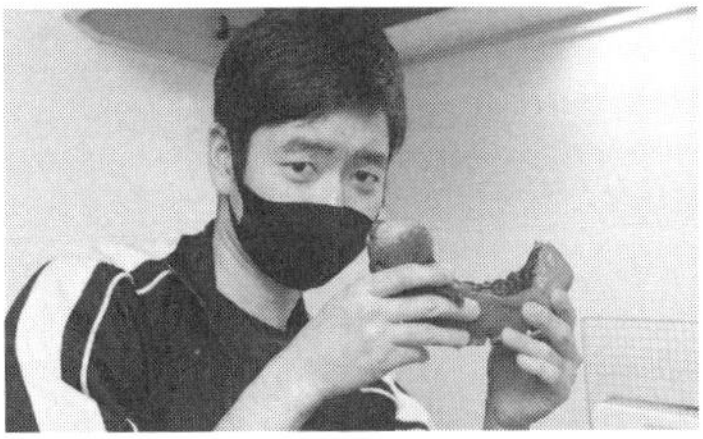

名誉ドレイの童夢は感動的な「アジの握り寿司」を披露した。隊長からは「マグロも頼む」と早くも次の注文が

さあ、乾杯の後はどの肴が一番うまいか真剣勝負だ！

# 肉食スズキを追え！ 決死の包囲網

## シーバスなんて言われて……

今回狙うのはスズキである。

出世魚で幼魚は「セイゴ」、二、三年ものを「フッコ」、四年以上の成魚を「スズキ」と呼ぶ。この段階で八十センチぐらいにはなり、魚体は口が尖っていて流線型でいかにも肉食魚。戦闘的かつ美しい。白身の肉はプリプリして煮てよし、焼いてよし、刺し身によしという気っ風のいい高級魚だ。

ながらく東京湾でトップクラスの人気魚だったが、水質汚染でじわじわその価値は下落し、やがて「シーバス」などというたわけた名前で呼ばれるようになり、ブラックバスのようにその激しい釣りのやりとりを楽しむゲームフィッシュへとなりさがっていった。

釣りのやりとりを楽しむだけだから釣っても食わずにリリースしてしまうことが多いという。

パチンコの玉扱いなのだ。そういうふうにしたのは原因も構造もほかならぬ傲慢な人間なのだった。

## 本当はうまいブラックバス

ぼくは三十代の頃、琵琶湖でよくキャンプをしていた。湖北のほうに行くと釣り人もすくなくなり、無害なカップルが葦のあいだで愛を確かめあっている程度だ。

おれたちは毎日潜っていってヤスでブラックバスを突き、ハラワタをだして替わりにそこらの草をハーブがわりに詰め込み、大きなアルミホイルで包んで、焚き火でじっくり焼く。

包み焼きしたバスにマヨネーズと醤油をかけて食うと肉食のサカナだからシャキシャキしていて「いやはやタハタハ」などと歓声をあげるくらいうまかった。

こんなにうまいブラックバスを釣り人は簡単にリリースしてしまうのでバカではないか、と思ったものだ。行政や淡水漁師たちもその安易なリリースが悩みのタネだった。

というのは琵琶湖には「鮒ずし」という名物がある。その原料になるニゴロブナをバスがエサにしてみんな食ってしまうのだ。

釣り人がバスを持って帰ってくれればニゴロブナの天敵が少なくなるので歓迎されるのだが、リリースしてしまってはどうにもならない。

数年してまた琵琶湖キャンプに行ったら湖畔にぐるりと醜悪な物体が並んでいた。百葉箱みたいだが「ブラックバス回収箱」と書いてある。

ゲームフィッシングをする人々は釣ったブラックバスをリリースせずに持って帰るか、もしくはその箱に入れて下さいと書いてあった。

ブラックバスは「まずい」なんて誰が言いはじめたのだろうか。風評でいつのまにかそんなことになってしまったのだ。

日本人はブラックバスよりはるかに味の劣るアフリカのビクトリア湖に棲息している体重百キロにもなるナイルパーチを大量に輸入して喜んでいる。そして多くの人がこれを食べている。いまこれを読んでいるヒト全員が食ったことがあるといっていいだろう。練り物の原料としてコンビニ弁当のおかずなどにこの安い肉が大量に使われているからだ。

スズキは主に内湾、河口、運河などにいるから東京都が排水浄化に本腰をいれてくれればひところ言われていた「臭い、汚い」などの悪評は自然に淘汰されていくはずだ。それによって「シーバス」などという呼び名が一般化する前の伝統ある「スズキ」として復活することだろう。

## 十二人の突撃隊

東京湾で「スズキ」を専門に狙う釣り船は本当に少なくなってしまったようだ。今回、我々が乗る釣り船「浜新丸」は千葉県の富津から出港する。

突撃隊は十二人。スズキ釣りの体験者は少なく、万能のコンちゃんぐらいだった。だからメンバーは前日までにコンちゃんから、続いて当日船が出る前には浜新丸の船長から実践講義をしっかり聞いた。

エサは生きている「サイマキ」を使う。クルマエビだ。雑魚釣り隊初期の頃はこういう釣りの決断に迷うところだった。

「エサをそのまま食ってしまったほうがいいんじゃないか」という意見が必ず出たからだ。実際に釣りに出ても釣れないと「あまりエサを使うな」「もうやめてテンプラ油買ってキャンプ地に帰ろうよ」などという意見が必ず出てだんだん全員がその気になっていく。しかし我々も結成十五年。隊員は三十人もいて釣りに出るときは何よりもその釣りに自分の技をぶつけたい！　という向上心のある奴が突撃隊に参加してきた。

今回は右舷、左舷に六人ずつ。

仕掛けやオモリは船宿で購入した。ミチイトはナイロン七号、三日月オモリの七号にフロロカーボン五号のハリスを四・五メートル。ハリにはエビが底近辺で安定するようにヒューズ（イトオモリ）を巻いておく。タナ（獲物のいる水深）は常に海面から九メートルにオモリがくるように保つ。繊細でいろいろ難しい。

十二人がいろいろこまかい準備をしているうちにポイントの第二海堡近くまでやってきた。東京湾から攻めてきた他国の軍と対決するためにつくられた海の要塞である。ハヤル気持ちをおさえながら十二人は最終準備に忙しい。

そういう落ち着きのない気持ちが伝わるのか、第一投には揃ってなんの反応もなかった。エサのエビはみんな元気なので、海の中でエサが跳ねると竿先が「ビクッ」「クイッ」など動くことがあり、はじめのうちはこれとアタリの違いがわからずみんな苦労しているようだった。

## のびざかりの童夢が

そんな息詰まる状態のなか、いきなり「どりゃあぁぁぁぁ！」と劇画のような声をだしたのが童夢だった。

前回のアジ釣りでもコンちゃん指導のもと釣りまくり、宿舎では一年あまり密かに研究していた本格的「握り寿司」をいっぱい作ってみんなを驚かせ、家族にもやっとそれらの成長を認めてもらえるようになった童夢は、今回も本や動画を見まくって「スズキ釣り」の学習を続け、昨夜はコーフンしすぎて一睡もしていなかったという。動画を見ているうちに出発時間がきてしまい、会社から帰ってきて寝ないで準備していたのでスーツ姿で慌てて船宿にかけつけてきた。とにかくコーフンしているのでそのままスーツ姿で船に乗っても本人はよかったらしいが、ケンタロウが予備の釣り人服を貸してやったらしい。こうなると「努力のヒト」と呼ぶべきか「バカなヒト」と呼ぶべきかわからなくなってくる。

しかしそれだからこそ、その日最初に童夢がスズキを釣りあげたのだろう。

けっこう大きな獲物だった。

「ウギャア、スズキだ。動画で見たとおりのスズキだ。やったあ。ギギギガガガ」

またもや劇画声をだしている。

童夢は最近凝っているという神経締め（魚の脳天を突き即死させ、エラを切って血抜き。さらにワイヤー状の器具で魚の神経を壊して締める方法）をすぐにやっている。

「これ、やりかた覚えるとたまらないッスよね」

今回もどうやら「童夢劇場」がはじまったらしい。

## ルアーの岡本もヤルトキはヤル

ポイントを変えて次の流しで竿をしならせ大きな満月にしたのは岡本部長とケンタロウだった。どちらもそこそこのカタだ。釣りあげて岡本部長は「あああ、ルアー投げたいなあ。竿を動かさないで魚がかかってくるのをじっと待っているのって辛いよう！」。

　普段はルアー専門の岡本は釣り船の先端に立って大きく竿を振り回し必ず大物をしとめてくるのだが、今回はケンタロウの強い指令で全員活きエサ釣りでタタカウ、ということになっている。

「竿持ってじっとしていると体が固まるから体操でもしようかなあ」岡本はいつも運動している。だからこれはイヤミでもなんでもない。

　その反対側ではショカツが不思議な姿勢で竿を出していた。普通、釣りというのは海に投じた竿先やその先のウキを凝視してちょっとでも変化があるともうゆるさんけんね、という態度でいつ竿をあげるかじっと待ち構えているものだが、ショカツの場合は竿先など関係なく遠い海の向こうの流れる雲なんかを眺めているのだ。ショカツはかなり激しい船酔いをする。その恐怖にいつも怯えている。

「ショカツ。竿先ちゃんと見てないとアタリがわからないぞ」

　コンちゃんの親切な注意にショカツは「あっ、そうすねえ」と答えるものの視線はやっぱり水平線方向から動かない。

（ショカツのメモ）

　ザコ釣り隊の船に乗るのは久しぶりだ。右のミヨシから二番目に陣取ってなかなか具合がいい。でも雑魚釣り隊の船釣りでヒラメやフグを釣りに出たが、いつも酔ってたいへん苦しかった。そこで前日、酔い止めを買いに新宿三丁目の薬屋に行ったら店は休み。大阪から出てくるとき買っておけばよかったのだ。いつもドジを踏む。仕方がないので精神力で挑むことにした。遠くをぼんやり見ていればいいのだ。そう思って水平線方向を眺めていると、隣にいたコンちゃんが「ショカツ、竿先を見てないとアタリをのがすぞ！」と厳しく言う。「ハイ」と言って数分海面を見るが、コンちゃんの様子をうかがってまた水平線を見る。雲の先におかんの顔が見える。「コラ、宣行（ショカツの名）、竿先を見ないといけんよ！」おかんもコンちゃんの味方だ。顔を下にして目をつぶって竿を握る手に神経を集中させた。するとまもなくコンちゃんの顔もおかんの顔も

遠くを見ていたショカツがいきなり大アワセ！　竿がしなってがっちりフッキング!!　スズキを釣りあげた感想は「指が感じたんです」

消えて指先にぶるんぶるんときた。必死であげると魚がついていた。苦しいタタカイだった。

## 朝弁当三人前、宍戸が勝負した

　悲喜こもごもの時間が経過していく。そうしたなかでひさびさに「ようし！　やったぜえ」の声が船内に響いた。

　それまでずっと静かだった宍戸の説得力のある声だ。

「ウーン。重いなあこれは。だいぶ大きなスズキだぜ。ん？　スズキかなあ。なんだろうこれは」

　ギリギリとリールが軋むように巻かれていく。まわりにいる者が首をのばして宍戸の次なる展開に期待をかけている。

　宍戸はいつも思いがけないことをやってくれるからだ。

（宍戸のメモ）

　久々の雑魚釣り隊参加だったので前日は残業もせずに九時にはフトンに入り、翌日三時半には起きた。気合をいれて朝からパンを焼き、タマゴを焼き、朝食をたっぷりとってザコ君と合流し千葉にむかった。

　途中コンビニにより、もし船上で空腹になってしまってはイクサができないと思ったのでお弁当と缶チューハイを十本ほど購入。

集合場所に着くと急にお腹がへり、缶チューハイ二本でお弁当を食べ、まずは万全、という気持ちになった。

予定の時間に船が出た。ポイントは近いというのでケンタロウ君から渡されたお弁当を食べ、急いで缶チューハイを五本飲んだ。

その後コンビニでなにかのときに、と思って買っておいた菓子袋をあけてボリボリベリベリ食っていたのを知るヒトはあまりいない筈だ。

さて肝心のスズキさんだが、朝から少々缶チューハイを飲みすぎたのかしっかりしたアタリがとれない。何度かコレハ！　というときもあったがスッポ抜けてしまい、悔しいので残った缶チューハイを飲んで心を鎮めた。

どんどん時間がたっていき、まわりでいよいよスズキさんが釣れだした声をきいてもうすこし缶チューハイを買っておけばよかったかなあ、と思ったときにガツンときた。

スズキさんはこんなに力のある奴だったかなあ、といぶかしく思いながらもギリギリリールを巻いていくと波間に現われたのは一・五キロはあるヒラメ、というわけでした。

スズキさんを訪ねたのにヒラメさんが出てきてしまった、というわけだがヒラメときたらタイと並ぶ高級魚だから刺し身によし、童夢がてがける握り寿司にもよし、とそれなりに満足したのだった。祝杯に缶チューハイをグイとやりたかったがわがクーラーボックスにはもう冷たい氷塊しかなかった。

残り時間が少なくなってアセリはじめたのが数人いた。雑魚釣り隊は競争ではないのでそんなにアセル必要はないのだが、どうしてもおいてけぼりにはなりたくない。太陽、京セラ、ザコ、三嶋、ヤブちゃん、快とまだスズキと対面していないのが数人いるが、時間がたつにつれてかれらにもジワジワとアタリが出てきたようだ。

大阪から参加しているヤブちゃんはやっとスズキをあげて「よかったわあ。大阪からきて船まで乗せてもろて、それでエサのエビだけ持って帰りました、みたいなことになったら三日ぐらい眠れんとこやった」。

本当にうれしそうだった。

京セラも苦戦していたが、研究熱心の彼は数日前からDVDでしっかり学習していたので苦戦の末きっちり釣りあげていた。太陽も同じだった。このところ真面目に個人学習してひそかに細部まで研究している若手が多い。

みんな最低一尾は釣りあげたところでそろそろ帰還ということになった。ケンタロウが釣果を計算しているうち、ひとりだけボウズがいることが判明した。

なんと名人のコンちゃんだった。彼はみんなの指導に忙しく自分の獲物を釣るのを忘れていたらしい。


（次回に続く）

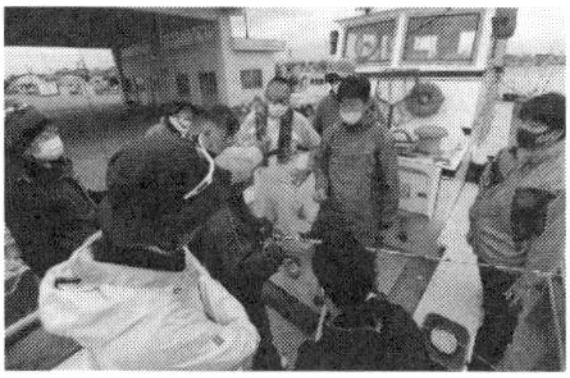

出港前に船長から伝統あるこの釣りの流れをレクチャーしてもらう隊員たち。エビは生きているサイマキ（クルマエビ）を使い、ポイントは東京湾の要塞「第二海堡」の周辺だ

宍戸はヒラメ、ザコはマゴチ。どちらもスズキの高級外道だ

大満足の釣果！　この出生魚を持って雑魚釣り隊は里山に建つ民家へ大移動

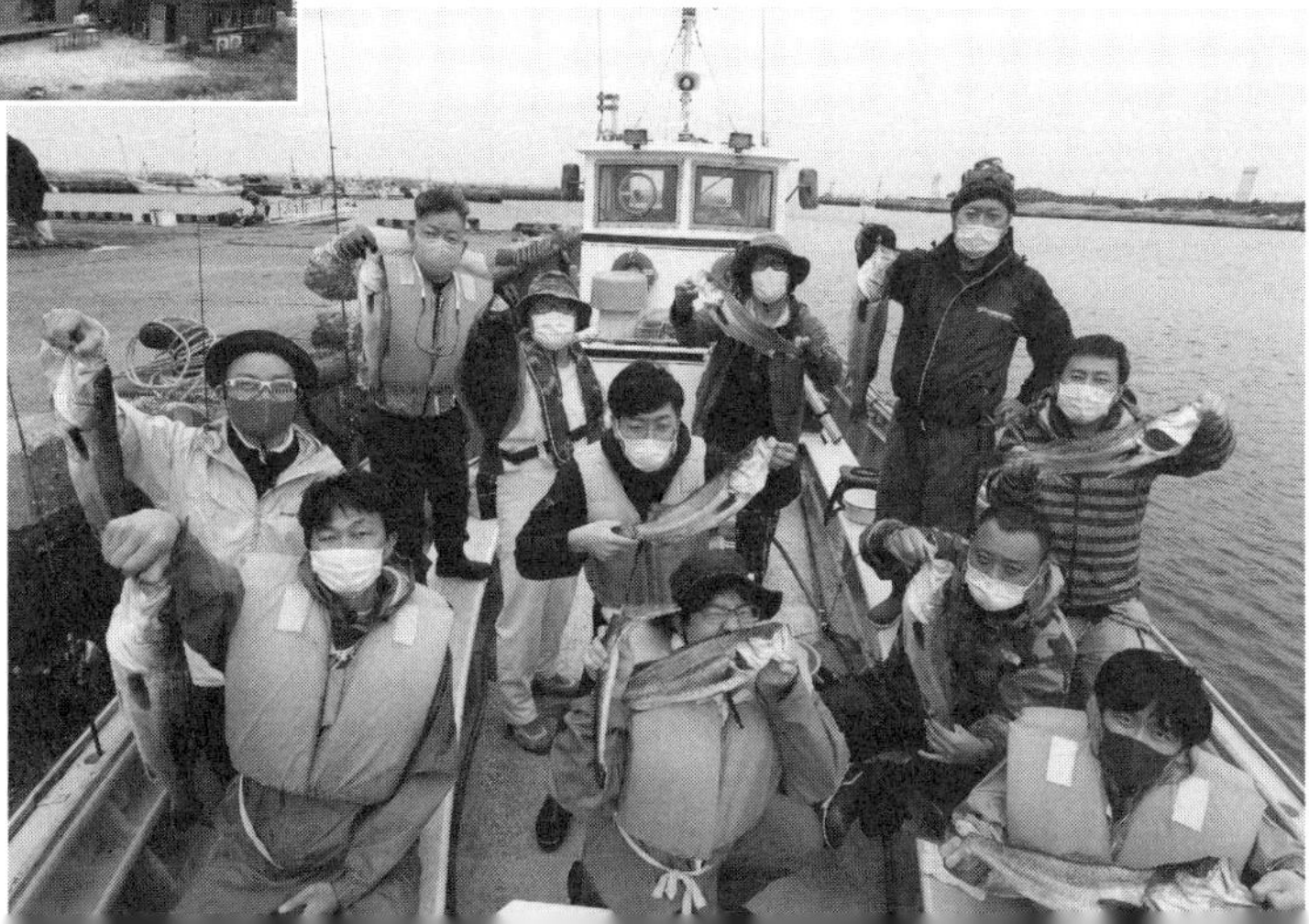

# 雑魚釣り隊の台所を守るパタパタママの巻

## 五十八畳ひと間

「スズキ釣り」の激闘は終了し、その日の宿、というか合宿所に移動してきたところだ。おもいがけない大漁であった。このところ船で沖に出ていく場合、クーラーのふたつみっつにぎっしり魚が入っていることが多い。

数年前とは大違いだ。その頃はクーラーボックスの蓋を開け、釣り人、留守番ともども実際にこの目で見るまで釣果はわからなかった。

まあ浦島太郎の玉手箱みたいなもんだ。ん？　ちょっと違うか。大きいツヅラと小さいツヅラとどっちがいい？　それともちがうなあ。まあいいか。

今回もいかにも好戦的な顔をしたでっかく重いスズキが十七匹。マゴチ三匹、ヒラメ一匹。これだけをできるだけその日のうちに食っちまおうというわけだ。

おれたちの今夜の宿は富津の古民家を改造した五十八畳ひと間という建物だった。

一度聞いて「ああそういうところなのね」と了解する人はまずいない。

「言葉づかい間違えてんじゃねーの」「五畳と八畳ひと間ずつとかよ。でもそれだとわしらにはちょっと狭すぎるし変だなあ」

などといろんなことを言っているとそこを予約したケンタロウは口をでっぱらせ、ついでにハラもでっぱらせてムキになって五十八畳ひと間と言い張る。

「むかしの柔道場。もしくはむかしここにいた千葉忍者の修行場、あるいは密漁者の収容所？」

といつも冷静な岡本がさして冷静でないことを言う。

「ちがいます。レッキとした宿。立派な厨房もあり、トイレもあり、布団もいっぱい。それに本日はなんと生ビールが用意されているのでえす」

「えっ、生ビール！」

「ええ、そうなんです」

説明するケンタロウは得意顔だ。

まだ早い午後、実際にそこに行ったら本当に五十八畳ひと間だった。ただし一畳の大きさは本来の畳の半分ぐらい。ふたつを一畳として計算するとたしかに五十八畳くらいになる。ドカーンという大広間なわけではなく、中に柱がいっぱい立っている。こんな不思議な造りの部屋は生まれてはじめて見た。

「一本一本の柱に娘を縛って変態大富豪が毎日じっくり見て歩くの。おお、よく育ったなあって、じょうろの水かけたりして」

と、太田トクヤ。彼が二百年ぐらい前にここに住んでいたら本当にやりそうだ。

「それではほどよく成長した娘の帯なんかといて一本の柱に縛りつけて、こっちは手拭いで目隠しされて両手を泳がせ、ホレホレなんて追いかけていくの」

太田じじいの妄想はとまらない。

しばらくするとこの不思議な建物のオーナーがやってきた。

「懇意にしている猟師さんから貰った猪肉の燻製。それと目の前の田んぼでとれたオコメの差し入れです」

朴訥ないい人なのだ。けっして若い娘を柱に縛りつけていた人の末裔などではなさそうだ。

こういうやりとりのさなかにも海からの獲物はどんどん厨房に運ばれていく。

その一方で厨房の脇にある生ビールのサーバーから新宿で人気居酒屋四店を経営する娘遊びに疲れた太田トクヤが、みんなのためによく冷えた生ビールをふるまっている。これはたまらない。

まだまわりは陽がのこる午後。不思議な造作の大広間に風がわずかに入ってくる。蚊もわずかに入ってくる。草の匂いがする。

おれたちは折りたたみ式の椅子やテーブルをいつも持ち歩いている。そこに座って野山を眺めながら飲む生ビール。こんな贅沢何年ぶりだろうか。早くもわしらもう何も文句ありません状態になっていた。

## ガイコツになってきた

実はおれはこの取材の前に自宅の階段で三階から二階に垂直落下し、背骨を傷つけてしまった。骨折だが「圧迫骨折」といって折れたわけではなく、圧縮して骨が変形してしまったのだ。全身の骨の様子をみるＭＲＩで検査してわかった。

あのＭＲＩという巨大な人間丸飲み機械のなかに入っていくのが閉所恐怖症のおれには死ぬほど怖い。「お亡くなり」になって焼き場の釜の中に入っていく状態にも似ているではないか。本当に「お亡くなり」になっているんならいいけれどまだ生きてるもんなあ。

「二十分間我慢するのだぞ」とＭＲＩの検査技師に言われたが辛い体験だった。検査技師が急にお腹が痛くなってトイレに行ってあまり急いだものだからつまずいて頭打ってそのまんま、ということがおきたらどうなるんだろう。

後日わが全身のガイコツ写真があがってきた。等身大である。人間も魚も体の真ん中に縦を基本とする骨が走っていてそのまわりに横骨（魚は縦骨）がついているのは同じだ。人間の真ん中を貫く骨は太く柔軟に四方八方動くようになっている。

それを動くようにしている骨が小さなコンビーフの缶をつらねたようになっていて、そのうちのひとつの端が潰れてしまっているのがよく見える。

いやはや科学医療の世界はすごいもんだ。むかしは外側から破損箇所の見当をつけたそうだが、くわしく調べるには手術してほじくりかえすしかなかったらしい。手術後はずっとあおむけに寝ている日々だから辛いだろうなあ。

安静にしていても痛いのだ。ちょうどコロナ禍で外出の予定はなかったがこの雑魚釣り隊には行かなければならない。腰のまがったじいちゃんは合宿場の生ビールを飲んでザコが作ってくれる極上の料理を食っていればいいのだからありがたい。

## 活締め、神経締めの使い手

前回熱海合宿のときは大量のアジを釣ってみんな三枚におろし、結果的にはまことにうまい童夢のアジ握り寿司に感動したが、今回は「スズキの握り寿司」がどかーんと出てくるらしい。ケンタロウがここらの漁師に聞いてきた情報では、千葉の沖で獲れるスズキは身がしまっていてとびきりうまいそうだ。

その童夢はこのところ釣ったサカナをすぐに活締め、神経締めにしてしまう必殺技に凝っていて、他人が釣ったものでもかたっぱしからこの技で「楽」にしている。

これは魚がいたずらに狭いところでわさわさ暴れ回っていると味がおちるからプロの漁師や釣

り師はよくやるらしい。

神経締めをすると魚は「おげ！！！！」という感じで大きく口をあけてピクンピクンと痙攣する。それから体色がスッと薄くなるらしい。童夢はこの瞬間がたまらなく好きで、つい体の内側でフヒヒヒヒという快感に満たされるという。海の変態サドの道にはいりつつあるのだ。魚はそうして締められると楽になり、鮮度がたもたれ、厨房で捌かれるまでプリプリのコリコリでいけるそうだ。

背骨の痛さにいやになっちゃっているおれも童夢に活締めと神経締めしてほしくなった。そうすればおれを「かんかんのう」（落語好きの人だけわかる超スペシャルジョーク）でどこでもガイコツ踊りを好きにさせられるぞ。

## パタパタママの時間

今回の厨房担当はエースのザコである。量も多く型もいいサカナを前に腕によりをかけているという状態だ。それをザコ釣り専属のカメラマン・ウッチーが撮っている。

「ザコさんこっちから見るとパタパタママにそっくりですね〜。いい意味で」

そんなことを言っている。

「いい意味で、と言われても、どこらへんがどういい意味なのかタイムリーにイメージしかねるぜ～」

と返答しながらザコはパキリパキリとマゴチのアラを捌いていた。

世代が違うのでぼくはこの会話の意味がわからない。

ケンタロウが解説してくれた。

「パタパタママはテレビの『ひらけ！ポンキッキ』で流れていた歌です。主婦の一日を楽しくコミカルに歌った曲です」

ミュージシャンでもあるザコはアフロヘアである。それにエプロンなどつけているからまるでパタパタママみたい、そういうことのようだ。

（ザコのメモ）

ふだん手伝っている浜町の居酒屋「川治」の大将から、富津のスズキは高いよおー。うまいけれど！と聞いていたけれど、たしかにオロシてみると身がムッチリしていて詰まった感じがする。指で撫でてもはねかえしてくるようで、ずしりとくる。食ったらがっしり歯ごたえがありそうな白身だ。

「魚の身に力がある」って言いかたをよくするんだけど、今すぐそんなふうに誰かに言いたくなるような上質なシロモノだった。

でかいクーラーボックスにはそういうスズキが全部で十七本横たわっている。それにやっぱりうまそうなマゴチが三本と、でかいヒラメとくる。これで今夜のお造りの料金とったら軽く十五万はいただけるだろうなあ。

スズキのプリプリには童夢の活締め、神経締めも役にたっているのだろう。

ザコの手下となって京セラと快がウロコ飛びちらせながら素早く下処理をしている。ふたりともうまくなった。ザコがあたらしい魚の料理に挑むたびにドレイたちの腕がずんずんあがっていく。

大広間にいるおじさんたちは麻雀をもちこんでどんどん堕落している。そのほかのおじさんたちは生ビールを飲みながらたまにせんべいをかじったりケツをかいたりしてころがっている。

## 今夜のお献立

ザコが紙に書いて張ってある本日のメニューは次のとおりだった。

・冷やしトマト
・トウミョウ（豆苗炒め）
・おつけもの
・玉こんにゃく
・スズキ、マゴチ、ヒラメお造り

・スズキのカルパッチョ
・スズキのフリット
・マゴチ、スズキのちり鍋
・サイマキのから揚げ
・スズキラーメン
・握り寿司

サイマキはスズキ釣りのエサの残りだが、もとはさっきまで生きていたクルマエビであるからカラごとバリバリ食えてうまい。あっという間に売りきれた。

宍戸が鼻の頭に汗を吹き出しながらちり鍋を「うううう〜〜〜ウメーウメーこれはウヘメー」と咆哮しながら怪獣のようにたいらげている。この鍋の汁をつかった締めのラーメンも、座はまだぜんぜん締めの状態にはなっていないのだが宍戸によってもうあらかたなくなっている。

童夢のスズキの握りは前回の熱海合宿よりもなんだかんだいってまた一段ときっちりした握りかげんになっていて、まだ神経締めされていないおれはウメーウメーといって早食いした。こうして食べるとスズキはまぎれもなく高級魚だ。童夢の神経締めが効いているのかキメのこまかい白身の肉は弾力があり、こっちの歯に嚙みついてくるかんじだ。これに較べたらカツオの刺し身などトーフレベルだ。しまった。カツオの悪口を言ってしまった。

童夢も近頃テレワークで体力をもてあましているようだから、そろそろ思い切って「寿司屋」

でも開業したらどうか。雑魚釣り隊がまず固定客になるぜ。マグロの神経締めひと柵くんねえなんて、繁盛しまっせ。

「いやおれたちが常連として客で行ったらその店は赤字で一カ月ももたないぞ」

テーブルの真ん中あたりに天野の顔が見えるのでホッとした。これだけの大御馳走だ。やつがいれば時間をかけても残すところなく食べてくれるだろう。

天野はこの春、郷里の名古屋に越していった。それ以来会っていなかったのだ。今回は案外やさしいところがある竹田が、名古屋からやってきた天野を宿に近い駅でまちうけた。

ひさしぶりにもどった天野の郷里にはチェーンのラーメン屋ぐらいしかなく飲食の上では衰退がはげしかった。だから雑魚釣り合宿にかこつけて、合宿が終わったら東京に滞在し、うまい肉めしを一週間食いまくるのだという。

## 海賊たちの宴

その日の宴会はすさまじかった。骨折りじいさんは食が細くなってしまいほとんど呆然と見るだけだったが、相変わらず宴会の風景は一般のヒトには見せられないけれど、いい風景だ。

海賊たちの宴は深夜一時過ぎまでつづき、くたびれて、もう歯で刺し身を噛む力のなくなったものからそこらに倒れていく。

パタパタママと化したザコの偉いところはいくら遅くまで飲んでいても翌朝四時三十分には起きているところだ。

死体と化したおじさんたちを踏まないように夜明け前の外に出る。よく知らない鳥がピチピチ鳴いてとびまわっている。ザコはこの時間が好きだ。

みんなのンガーンガーといういびきが聞こえる。朝の鳥さんとこれほど不協和の組み合わせはないだろう。みんなが意識不明状態のなかでころがっている茶碗やお皿を回収していくのも楽しい。余ったものを回収し、昨日、各自きまぐれにスーパーなどで買いあさってきた食材を確認、今朝はこれらで何を作ろうかな、などと考えるのも楽しい。

——そうか、おれは本当にパタパタママなのかもしれない。

厨房を掃除し大量に残っている筍を煮て、猪肉を捌き、パタパタと本日の活力をみなぎらせていくのだった。

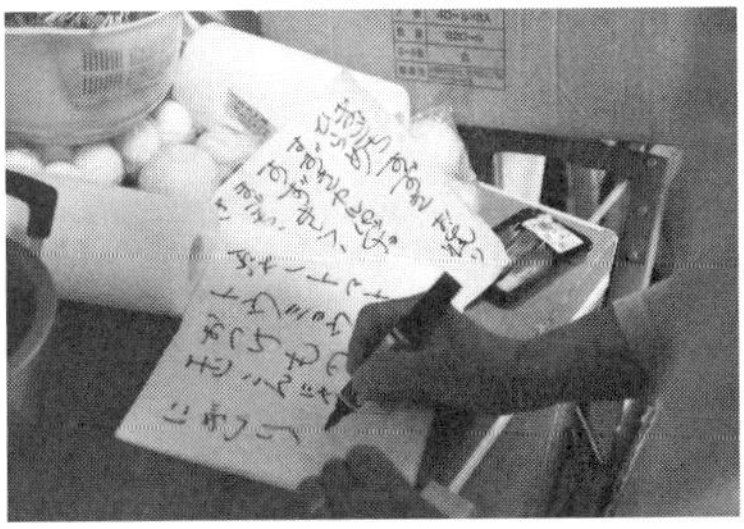

ザコによる今宵のお品書き

柱と畳がひたすら目立つ58畳の空間でくつろぐ骨折療養中のシーナ隊長

今夜のメニューは雑魚釣り隊料理長のザコが腕をふるうスズキのフルコースだ!!

ザコはいつも辺りが暗い早朝から厨房に立つ

これが高級魚スズキの底力。刺し身の弾力にシビれ、フリットのホクホク加減に笑みがこぼれ、ちり鍋の上品さに悶絶！　クライマックスはコンと童夢による握りの競演だ!!

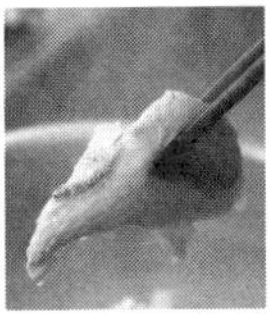

# 熟練のゲロまき突撃隊

## ケンタロウは前から狙っていた

取材地選びにいつも頭を悩ませているよろず世話人のケンタロウが今回選んだのは、千葉県の大原だった。屋外取材のほうがコロナウイルスの感染対策にもなるだろうと、久々のキャンプである。

大原といえば釣り人にとってはおなじみの地であり、雑魚釣り隊だってもう何度も来ている。

「大原なら何かしら釣れるから、四つぐらいのグループで色々狙おう。その方が宴会も盛り上がるから」

開口一番ケンタロウが朗らかに宣言するが、副隊長の竹田はもごもご何か言っている。

「うーん、おれは釣りはうまいけど、ほら、船はな、あんまりな。わかってると思うけどさ、釣りはうまいんだ。でもな、ほら……」

「竹田は名人のコンさんと一緒に乗ってもらうから、色々教えてもらいなよ。きっとたくさん釣れるよ」

「いや、そうじゃなくてさ。ほら、おれってちょっと酔っぱらったりすることあるでしょ」

勘のいい読者はお気づきかと思うが、竹田はキャンプのいろんな要素を得意としているが、一つだけ船に弱いという弱点がある。

「それでも大丈夫」とケンタロウ。今回はせっかく釣りのメッカである大原に行くのだから、釣り部隊とゲロ吐き部隊に分けて、なるべく竹田は目立たないように考慮してあげるよ、と親切なんだかその逆なんだかよくわからない励まし方をしている。

今回は同じ港から四チームの船がほぼ同じ時刻に出撃する。

ケンタロウは早速、参加者を四チームに分けた。この時点では竹田への配慮がどういうものかはわからない。

一つ目のチームは、顔を見ているだけでそのにやにや笑いから大物を狙っていると察することができる宍戸とザコのチーム。このコンビは意外性があり、どこか大きな期待が持てる。かつて宍戸が大物のマハタを仕留めたことがある加幸丸に乗る。

次は近藤コンちゃん班長のスパルタイサキ教室の気配もする春栄丸チームだ。イサキは梅雨時がまさに旬であり、卵と白子をたっぷり持っていて絶品だ。コンちゃんに教えを乞うメンバーは竹田と童夢の同級生コンビ。

三つ目のチームはキントキ狙いである。チカメキントキはこの時期、大原では専門に狙う船も出るほどの人気がある魚だ。班長のケンタロウの他に、三嶋、太陽、トオル、京セラの五人が敷嶋丸に乗り込んだ。

最後にいつもルアーを振り回して孤高を楽しんでいる釣り部部長の岡本である。タイトル的にいうと、「まぐれ一発大物狙い！」と書いた桃太郎旗を掲げたようなかっこうでひとりタタカイに挑むこととなった。

この岡本部長が乗った松鶴丸は、太東沖の「器械根」という水深十五～二十メートルのいかにもすぐ根がかりしそうな危険なポイントに向かって進んでいった。この時点では真面目にしゃくっていれば一瞬訪れる時合《じあい》でなんとかなるだろうという能天気な期待を持っていたという。

その頃、宍戸とザコの加幸丸では小さなカサゴとマトウダイが釣れていたが、堂々とやったぜと言えるほどの釣果はまだない。

チームが四つに分かれ、四隻が別の魚を狙って競争状態で走っていくのだから、この状況をレポートしているケンタロウもなかなか大変である。

## 初々しいころの竹田の連発ゲロ

岡本船と同じ太東沖をいくコンちゃんのスパルタイサキ教室船もあまり快調な出だしとは言え

なかった。その中でイサキを一匹釣ってからなかなかその後が釣れない童夢をしり目に、いつも船酔いしている竹田だけが珍しく順調に釣っていく。

「タケダ、コマセが出てないね。もう少し出るように調整しようか。付けエサはいいけど、それじゃあちょっと大きいな。付け直そう。コマセの撒き方はもっとこう鋭くね」

スパルタ方式で教えるつもりだったはずのコンちゃんが、なぜか時々出ている妻との釣行のときよりも優しい口調になっていて、竹田は目をぱちくりさせている。

（童夢の手記）

今回、僕はイサキ班だ。このところ毎回釣りメンバーにカウントされているので、隊の中でそれなりに釣り人認定をしてもらえているのかもしれない。嬉しい。今回は釣り具も新調したし、ガンガン釣れるのではないかと思っていたがなかなか難しい。

隣の竹田は船酔いに二日酔いも加わっているからか、どうも全体に立ち居振る舞いがキモチワルイ。それなのに竹田ばかりが釣れる。頻繁に魚がかかるのは、きっと竹田の吐くゲロがコマセになっているからに違いない。

竹田が半分気絶しながらも釣りをやめないのは、これまで培ったそこそこ長い釣り修業がものを言っているのだろう。彼が雑魚釣り隊に加わったのは富浦の海岸だった。その時の、会社でいえば面接担当はコンちゃんだった。

（竹田の回想と手記）

「お前が竹田か。よく来た。釣りなんてどうでもいいんだ。冷えたビール飲み放題。釣りたてのキスの天ぷら食べ放題。海岸でテント張り放題。コマセ撒き放題だから」

どうやら僕はこのコンちゃんの言う「○○やり放題」という言葉に純粋に反応し、すぐに雑魚釣り隊になじんだらしい。

その日はすぐに目の前の砂浜からボート釣りに出た。狙いはアジやキスである。後でわかってくるがこれらの魚は初心者向けで、条件さえよっぽど悪くなければ誰でも釣れる。

「ちょっと揺れるけど、気持ち悪くなったらたちまち吐いてもいいぞ」

コンちゃんが言う。

「吐き放題っすか」

言いながらすぐに吐いた。

「そうだ。雑魚釣り隊はなんでも放題だ。だから吐き放題」

これがいいのかどうかわからないが、僕のデビュー戦はこういうコトだった。それから早幾年。ゲロドレイの最下層からスタートし、皿洗いに薪拾いにビールの大飲みに真摯に取り組んでいるうちに、古参隊員のクセなどもどんどん理解していった。近頃のベストセラーっぽい本に「人生で大切なことはすべて××で学んだ」というのがあるが、僕の場合「人生で特に大切でないことばかり雑魚釣り隊で学んだ」という感じだ。

ただ、その甲斐あって僕はそのうちショカツなどの後輩ドレイが入ると一気に偉そうになり、ドレイ頭から若頭、そしてこの春にはついに副隊長に昇格した。

前振りが非常に長くなってしまったが、今回はイサキ船に乗せられた。しかも船酔い持ちには鬼門の大原である。ここは揺れるのだ。うねるのだ。数年前、わけも分からないままフグ釣りに連れて来られて、その時もドレイ集団で競うように船から首を出してゲーゲー吐いたことがある。

竿を振り回して銀色に光るイサキをなんとか釣りあげる。しかし揺れでゲロもどんどん生産される。イサキを釣るたびにゲロを吐いている感じだ。船上ではゲロコマセとたくさんのイサキという豪勢かつ怪奇な光景が繰り広げられていた。

船長が僕が釣りあげたクロメバルを見て、「それ銀座だと一匹、二千五百円はするよ」と言う。ゲロが腹の中でうずいている。思わず二千五百円のメバルはあげるからもう帰りませんかと言いそうになった。

## なかなかやる！　チカメキントキ

このところ急速に釣りの腕を上げているケンタロウはキントキ船の班長だ。キントキは本当の名前をチカメキントキという。赤くて目がでかい。雑魚釣り隊で本格的に狙うのは初めてだ。爆釣はできないかもしれないが、赤い魚でなんだかめでたいし味もいいらしいのでターゲットにしてみたいとケンタロウがひそかに狙っていた。朝一番がよく釣れるらしく、港に着くとほとんどの客はすでに釣り船の周りに集まっており、すぐに出港となった。

最初のポイントは水深百メートルとなかなか深い。仕掛けは胴付きの三本バリ。エサはサバの短冊でオモリは百五十号と結構ハードなタックルだ。

「反応は底から九十メートルくらいまで出てるよ～。あげすぎるとサバがいるから気を付けてね」

そんな船長のガイドを聞き終わる間もなくケンタロウが電動リールを巻き上げると、赤い魚が海面に姿を見せた。狙い通りのキントキだ。続いて隣のトオルも釣る。「なんだ簡単じゃん」われらが第二料理長はご機嫌だ。

その後も船長はポイントをこまめに変えて、その都度、キントキが釣れる。この海によく来ている太陽はさすがに慣れていてどんどん釣っている。トオルや京セラも三匹掛けを何度か達成している。ケンタロウは釣れ始めたのは早かったが三匹掛けは一度もなかった。でも持ち込んだクーラーボックスはあっという間にパンパンだ。

浅場に行って違う魚も狙ったが、みんなもう満足という顔をしていた。船長もそれを見て「早いですけど、みんなたくさん釣れましたからね。帰りましょうね」とまさかの大漁早上がりとなったのだった。キントキの釣果は全員合わせて八十一匹。

## コークマンの夜明けの描写

キントキ船に乗っていた三嶋は、みんなからコークマンと呼ばれている。酒を飲まずコーラばかり飲んでいるので、真夜中の買い物や荷物運びなどで車が必要なときに大いに重宝がられている。

（その三嶋の手記）

大原港は釣り船の数も多く、新宿よりにぎやかに感じました。早朝、港と車と漁船の明かりの中、荷物を下ろす人、防寒着に着替える人、釣り具のチェックに余念のない人。祭りの前のような喧噪に高揚感を覚えます。

出港後、ポイントまでは意外と遠く、おそらく一時間近くかかったと思います。丁度、夜が明けるところで、幸運にも釣り座は東側、朝日の上る側でした。ゆっくりとうねる鈍色の海面が薄明の空を映し、紫からピンク、金色へと染まっていく。船首から跳ねる水しぶきにも朝日が透けて白からのグラデーションをつくる。

そんな夜明けの光景をぼおーっと眺めながら、私は静かに感じ取っていました。

「気持ち悪い」

ポイントについて第一投。電動リールの液晶画面を見ながら仕掛けを落としていきましたが、何かが変。イトがどんどん出ていきます。着底に気づかなかったかと思って、ちょっと上げてみますが、オモリの感触はわかるので、底に着いてはいないようです。いろいろ焦っていると、どうやら左右とオマツリしたらしいとわかりました。
その時です。胃袋が急に何かを叫び始めました。このタイミングは完璧に把握できました。船べりから身を乗り出し、口を胃袋より下げて食道を確保、流れるようにのどから海へ何も引っかかることなくお手本のようなゲロを吐きました。

実はこれまでゲロ関係については気持ち悪がる人もいるので、あまり書かないようにしていた面がある。しかし、このコークマン三嶋の早朝ゲロは奇妙に新鮮な不安と開放感があって、これまで紹介してきたゲロ話とは違いとても感動的だった。いや、感動とまではいかないか。でもドレイの独白としてはこのゲロの手記はブンガク的感覚があるように思った。

## 月も出てきた。さあ、本番だ

今回、ケンタロウが見つけてきた中滝アートヴィレッジの「キャンパスフィールド」という所は、一日一組しか予約を受け付けないキャンプ場だった。里山を丸ごと貸し切るくらいの感覚でとにかく広い。隊員たちはソーシャルディスタンスをとりながら手早く焚き火サークルを中心に

梅雨の間隙を縫って久々のキャンプ！　魚も釣った、薪も集めた、酒も用意した、あとは飲むだけだ‼

タープを設置し、その外周にテント村を設営した。

関西から車でくるヤブちゃんが、名古屋で天野を拾ってやってきた。

「途中からなんか燃費が悪くなってん」と首を傾げているが、その原因であろう天野は「暑いからねえ」などととぼけている。

二年前、天野は体重が百二十キロを超えたところで「とりあえず酒をやめなさい。死にますよ」と医者から宣告された。それ以来、素直に酒は断っているのだが「このままだと痩せちゃう！」という倒錯した危機感から食事の量はむしろ増え、いまや百三十キロを超えたらしい。本人は「夏はおいしい物が多いからね」といたって幸せそうだ。

ともかくこれで今回の参加者が揃った。童夢が「冷えてますよ～」と缶ビールを配ってくれる。みんなは魚を捌いたり、宴会の準備に忙しそうなので、俺は俺と同じく何もしていないトクヤと乾杯する。

クーラーボックスには飲み切れないほどのビールがびっしり詰まっており、空は高く青く、時おり海からの潮風が吹いてくる。手の空いたドレイに焚火用の薪を拾ってこいと竹田がエラソーに指示を出している。俺たちの日常では王道をいくキャンプだなあ、正統な夏だなあとか言い合っているうちに缶ビールが空いた。

まもなく宴会が始まる。今回はザコとトオルという二人がいるから料理は間違いなくうまいだろう。メニューはイサキとキントキの刺し身、煮付け、天ぷら、締めには魚の出汁から作ったカレーもあるという。しかもソーメン、そば、うどんをお好みでつけて食うというのだから恐れ入る。

「いいねえ。やっぱりみんなで飲む酒はうまいねえ」

　トクヤも嬉しそうだ。

「早く池林房の生ビールが飲みたいですよ」と太陽が言い、みんなも頷く。

「大丈夫だよ。俺はコロナなんかに負けないで三百歳まで生きるんだから。酒池肉林なんだから。いつでも飲みにくればいい」

　どうして三百歳まで生きると酒池肉林なのかは誰にもわからないが、優しい若者たちはみんな黙って笑っている。

　ビールから焼酎やウイスキー、日本酒などに切り替える者が増えてきた。大物釣りが不発に終わった岡本部長と宍戸は早くも焚き火を囲んで飲んでいる。

　思えば「釣って捌いてその日のうちに食う」という我々が続けてきた原始的行為は本当に贅沢なものだ。どんな高級料亭だってこんな贅沢な時間も味も提供できないだろうと断言できる。ただ食い意地が張っているだけと言われればそれまでなのだが。

　ある程度、腹が満たされた隊員たちもなんとなくそれぞれ酒を持って焚き火の周りに集まってきた。

「隊長は釣りはずっと適当でしたけど、ビールと宴会には誰よりも本気で取り組んでましたよ」

とコンちゃんが言う。

　コロナの感染がまた拡大しているという。猛暑や五輪も重なれば取材もなかなか難しい。少し休んでみんながワクチンを打ち終わった秋あたりに島にでも行こう。焚き火の炎を見ながらそんなことを考えた。

「小腹が空いたらうどんもそばもありますから」とザコ。「明日の朝ご飯はなんですか？」と言う京セラに「残った刺し身を漬けにしておいた」とトオルが答える。

　月が出てきた。薪が静かに爆ぜている。酒はまだまだある。お楽しみはこれからだ。

根性でイサキを釣っていた竹田だが、
柱を背に気絶するまですぐだった

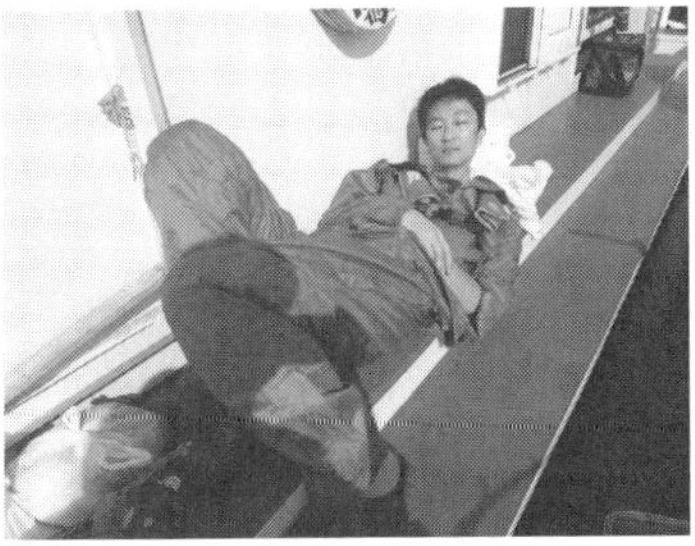

美しき夜明けと厳しき船酔い。三嶋は釣って吐いてダウンを繰り返した

イサキの卵と白子も入った煮付け（上）はザコがじっくり仕上げた。刺し身プリプリ、天ぷらサクサク、これ以上の贅沢はない

大阪と名古屋から車で千葉までやってきたヤブと天野

焚き火を囲み飲みながら何気ないバカ話をする。これが雑魚釣り隊の黄金時間だ

# さらば、雑魚釣り隊。武装カンパチ八丈島突撃乱入

## 唐揚げ逆襲隊

八丈島の八重根《やえね》漁港は、むかし老朽化した戦艦を沈めて防波堤の基礎にしたという。頑丈な港なのでいつも沢山の漁船がもやってある。その日、夜があけたばかりの水平線は黒く重い雨雲に覆われ、遠雷が朝から低く威圧的にとどろいていた。

「おまーら、いいかげんな気持ちで来るんじゃねーぞ！」低空を走る黒雲がそう言っている。

二隻の漁船に分乗した雑魚釣り隊の精鋭釣り部隊は岡本トツゲキ部長以下、宍戸、海仁、コンちゃん、ザコ、太陽、似田貝、童夢の計八人。まなじりつり上げた彼らの任務は、先入りしての大モノ狙いだった。

雑魚釣り隊が八丈島に挑むのはこれが六回目。荒れる波濤を切り裂いて攻めていくこれまでの大物狙い作戦は、結果的に黒潮に「バーカ」と言われてことごとく退けられてきた。

これまで一メートルオーバーの巨大魚を狙って攻めてきたものの、二十人の三日がかりの波状攻撃で二十センチのムロアジ一尾、という結果を得て全員無言の帰還を強いられたこともあった。雑魚釣り隊は八丈島には勝てない、という認識が定着しつつある昨今、その日は最後の決死の挑戦であった。

迎えうつように島は季節はずれの連日の風雨。港に集まった彼らが出船できたのは待機二日目であった。島には雑魚釣り隊の〝隊神〟でもあるプロの腕きき漁師のカズさんが待っていた。

「おれが仕上げして待っているというのに、何でお前らはそうやって島の魚に遠慮するんだあ」

この島に来ると急に釣れなくなる雑魚釣り隊釣り部の主力メンバーに、カズさんは独特のレトリックで檄をトバしていた。我々の今度の出船の船頭はカズさんがよく知る島の漁師仲間たちだ。

「こいつらが大物を釣るまで船を島にもどしてはならねーぞ」

カズさんは仲間の漁師らにそう言っていたらしい。

## 沖で見たときゃ鬼ヶ島

いっこうに収まる気配のない激しい風雨のなか、風裏になる八丈小島の近くでまずは生き餌（ムロアジ）を三十数尾緊急に釣りあげ、これを使って泳がせ釣りの準備をするのは宍戸、コンちゃん、太陽、似田貝、ザコ、童夢。岡本、海仁はルアー（疑似餌）でいく。

低気圧に覆われた無人の八丈小島の断崖はオドロオドロしくもすさまじい景観だった。島の民謡に「沖で見たときは鬼が住んでいる島と見えたが来てみれば人情の島……」と謡うのがある。

でも雑魚釣り隊にとって島はなかなかほほえんでくれない。

「ムロアジの泳がせ釣りでいく僕たちは餌の鼻に針を仕込んで、船長の告げる百メートル程度の深さのタナに落としてアタリを待ちました。ルアーでいく岡本部長と海仁の雑魚釣り隊最強と言われている二人はスピニングリールをカシャカシャいわせて早くも狙いのゾーンに気持ちを集中させていました。間もなく二人はカンパチ、アカハタ、キメジ、ホウセキハタ、メイチダイなどの獲物を次々にあげて船長を安心させていました」（太陽のメモ）

「やがて狙いの三キロほどのカンパチがあがりました。でもこのサイズだと島ではショゴといわれ、まだまだ小物です。焦ります」（岡本のメモ）

「わたしの竿がグイーンッと一気に引きこまれました。後ろで船長の『喰ったゾ！』という力強い声。ここちのいいコーフンにつつまれるときです。これがあるから……でもバレてしまいました」（近藤のメモ）

大荒れの天気の中、八丈小島の前で釣り部は闘っていた

その段階で宍戸、ザコ、似田貝、童夢が乗っているもう一隻のほうから熱い最新情報があった。通称「バラシのザコ」がいきなり十キロのカンパチをあげた、という刺激的な連絡だった。

こういう知らせは仲間の釣り人の胸を激しくふるわせる。タイミングを合わせるように雨がカッパを叩く音がさらにものすごくなる。

## バラシのザコ、捨て身の突入

「何にでも終わりはあるわけでして、雑魚釣り隊にもファイナルがきてしまいました。参加させてもらって十余年。数々のドラマと釣りあげた魚をサバいてきたおれたち……。面白い人たちにもたくさん会いました。

その日、アブラ人（常にアブラっこい味を追求している）の宍戸さんとこの船に一緒にきました。その途中『なあザコちゃんよ。八丈ストアで唐揚げだけは沢山買っておかなきゃダメだよ。あれはうまいからなあ。あの唐揚げはいいよなあ。ホカ弁の唐揚げとなんか決定的に違うんだよなあ。だからカンパチ釣りの前にまずは唐揚げ買いに行こうよ。なあ。なな、いいだろう』と何回も言うもんだから八丈ストアで人目にも怪しいくらい大量の唐揚げを買いました。

そいつを齧りながらだったたからかはまったく分かりませんが、ほぼ第一投で十キロのカンパチをひっかけた、というわけですよ」（ザコのメモ）

しかしこのいきなり「ザコ本命ヲ確保セリ」の衝撃は直後の他の七人を狂わせた。

二つの船内の動きが激しくなりもう二キロや三キロの獲物は種類も名前も確認せずにどんどん船内の水槽にほうり投げられていく。

「雨ニモマケズ風ニモマケズずーっと竿を振り回していると、ググッと竿先が引き込まれました。ぼくにとっては思いがけないくらいの大物でした。やがて見えてきたのが七十センチほどもあるカンパチでした。ここらの海はカンパチだらけだ！　ということがわかってきてもうたいへん、唐揚げどころではなくなってしまいました」（似田貝のメモ）

「わー。またこれかあ。イスズミですよお、これすぐにウンコするんです。これ喰えるんですかね。釣り上げたとたんにボトボトですね。ワー変態っぽいですね」（童夢のメモ）

このあたりから二隻の船は本命、大物、珍品、大衆魚、雑魚を含めて次から次へいろんな魚が釣れ出していて、船内はもう大変な状態になっていた。宍戸の「唐揚げ齧っているとじゃんじゃん釣れる」、という流言飛語がはじけ、いまだやまない風雨だったがコーフンは続いている。

## 恨み節ずぶ濡れ十八人宴会

やることがなければ飲めばいい。今回の全体の参加者は二十六人。雑魚釣り隊の隊員はいま三十人くらいだから驚くべき出席率だ。天候がもっとなんとかなっていたらアメリカとアラスカに

これまで散々バラしてきたのはこの日のためだった！
ザコが10キロオーバーのカンパチを釣りあげた!!

いるメンバーも来ていた筈だ。隊員は結成十七年ぐらいになるのにまだまだ増殖している。

風雨にユルミはない。この島はよくも悪くも太平洋高気圧と低気圧の影響を極端にうけやすい所に位置しているからこのようにいったん崩れてしまうと崩れ方が半端じゃない。

生活をこんなふうに崩すとまずいんだろうな、などと思いつつ、朝一番の便でやってきた空港で空を見上げながらみんなで浮かない顔をしていた。

ずーっとこれから好転の見込みがない、ということがわかって全員キャンプ地に移動、ということになった。整備、清掃されたキャンプ地を予約してあったのだ。

情報ではほかにキャンパーはいないらしい。そりゃあそうだろうなあ。滝を下から見上げているみたいな荒れ方なんだから。

この雑魚釣り隊の行状を十年以上も臨機応変にリードしてきたケンタロウは、こういうときのコツをよくわかっている。

酒類とツマミにもなる食料を潤沢にしておくことだ。海からの情報では大漁のようだから夜のめしは新鮮な魚がドサーッとある（筈だ）。

雑魚釣りキャンプの初期の頃は焚き火を前に「酒屋のひっこし」みたいにあまりにも沢山の酒を消費するものだからヨロズ世話人であるケンタロウは信じられない顔をしていたが、いまはもう慣れたものだ。山賊じゃなかった海賊の宴会はすごいスケールで飲むけれど、酒を絶対切らさないようにしておけば外の怪しげな飲み屋でぼったくられる、ということはまずないから都会で

大雨でやることがないキャンプ場待機組は焚き火をおこす前から宴会スタート。ちなみにまだ午前10時だ

小人数を接待しているよりもはるかに安あがり、というコトがよくわかっている。

## 島の焚き火は裏切らない

　雨でも焚き火はできる。十八人の「昼間から焚き火宴会」の費用はトータルで六万円だった。場所はキャンプ場の炊事場。そこには屋根があったが壁はないので吹きっさらし。

　でもほかに客はまったくいないから独占できる。簡単なコンロを使ってカンタン鍋もカンタン焼きもできる。カズさんが「もし万が一釣り部隊が不漁だったとき」を心配して島の高級魚のでっかいのを何匹も持ってきてくれた。ぼくが島でいちばん好きな「クサヤ」も忘れない。ああ、ここは本当にいい島、いい人、いい酒だ。

　荒天の秋はつるべ落としだ。午後三時をすぎるとドスンという感じであたりの風景は暗くなり、無線ではいってきている「大漁！」という知らせがマボロシのようにも思えてきた。

なにしろここは八丈島なのである。これまで何度も挑戦し、くらいつき、へばりつき、作戦をたて、準備運動をしてきた雑魚釣り隊最大の、そして最後の難敵である。

あの、大漁無線も、何も釣れていない、やけっぱちの、もうどうでもいいや的最後の大ウソのハッタリで、乗組員八人は漁師を脅して、あるいは買収し、南太平洋の彼方にむけて失踪していったんじゃないのか。

そういう話がチラホラではじめていた頃だった。

突然、太陽と童夢兄弟の水びたしの体と青い顔がヨロヨロと現われた。幽鬼迫る顔であった。そのすぐあとに痩せて焦燥した海仁が長い手足をよろつかせながら現われた。

「あああ。やっぱり……」

帰還したのはお前たちだけか。

あとはみんな死んだか逃げたか。

でも次に現われたのはたっぷり唐揚げを食ったらしい宍戸だった。顔をギラギラ光らせている。いやはやあはははは。あはははははは。大漁、たいりょう、大漁ですよ。宍戸笑っている。

そのうしろでやはりあはははははと笑っているのはバラシのザコだ。うわっはは。三日ぐらいたて続けで連続宴会できますよ。うわっははは。

続いて大型のクーラーボックスがいくつも運ばれてくる。びしょ濡れの太陽と童夢はそれぞれの船の水槽に落ちたらしい。理由はそれぞれ別らしいがよくわからない。別々の船なんだから同じ理由ではないだろう。こういうのも兄弟船というのだろうか。いや兄弟水槽か。意味がわかりませんね。

## 魚屋さんがひらけそうだ

釣り人に大切なのは、釣ってきたあとのタイドだと言われる。初期の頃はわからなかったが雑魚釣り隊もこれだけ体験をかさねてくると少しはわかってきたようだ。

釣ってきた魚は一尾、二尾の程度ではなく同じ種類のものがクーラーいっぱいなんてことがよくある。かと言ってどこかの店にオロス、というわけにもいかない。

結局、全部食べてしまうのが一番いいのだが、そのためにはやはりオロスことが必要になる。雑魚釣り隊の今回などは魚屋さんを開店できるほどの種類と量がある。

メモしてあるのだけをあげても、ムロアジ、アカハタ、ホウセキハタ、カンパチ、メイチダイ、ツムブリ、ヒラマサ、ナメモンガラ、それにカズさんがくれたキンメダイ、メダイ、アカサバ。全部で百キロ以上はありそうだった。これを全部オロスのだ。

雑魚釣り隊はみんな包丁をつかえる。刺し身なども魚ごとにやりかた、手際の差はあるがそれも修業の成果がはっきり出ている。

「待ってました。今回もちゃんとウロコ取りを二個持ってきましたよ」

と言うのは関西からきているショカツ。まだ隊歴が浅いドレイの快は余ってるウロコ取りをショカツからかりて手伝い。

名嘉元とベンゴシは「じゃあ頭落とすのはこっちでやるからウロコとったら回して」。

ドレイ歴も長くなったが、でもまだ若手の京セラは「内臓取りならまかせてください」と、たのもしくなっている。

ヨシキと山崎は捌いた切り身を刺し身にしやすいように水分を拭く係だ。

各種釣りの技術からこういう後処理まで驚嘆するほど成長している。太陽とケンタロウはこの分業では上級技術者となる「三枚におろして刺し身にするまで」を担当している。この雨のなかの魚屋は交代いれて十人体制だ。

今や何もやる技術のなくなったぼくと客人の太田トクヤ（新宿の居酒屋の店主）はこの繁盛店のヒトの流れの邪魔にならないように隅っこにいることにした。雨がバシバシ吹き込んでくる。

カズさんが「そこでぼんやりしてんだったらもっと中に入ってこの鍋を見張っていてくれよ。八丈島の漁師のあいだでいまいちばん人気のあるキンメのシャブシャブだあ」。

見物のついでに作り方をおしえてもらった。

鍋の中にニンニクを二〜三カケラいれてキンメダイの薄切りをシャブシャブするだけ。

大型クーラーから溢れ出る大漁釣果を拍手と大歓声で迎える

なんのタレで喰ってもうまい！

というのは本当だった。島の魚は島の漁師がいちばんうまく喰う方法を知っているものなのだ。

雑魚釣り隊、厨房部（そんなのなかったな）の仕事は素早く手際よく、あれほど山のような量だった魚も残り少なくなり、血だらけ、骨だらけの絶叫ものの流しもみんなきれいになっていた。その作業は二時間ぐらい。必要から生まれた魚処理だったが、その日のありさまを見てつくづく感心した。

## 寿司屋さんが開店しちゃった

雑魚釣り隊の初期の頃は渓流釣り師のリンさんが十人ぐらいの焚き火料理を担当していた。そのあと何度かぼくが（！）料理長を担当していたときもあった。当時を知っているヒトはその暗黒時代の回顧譚は避けていくが、あらゆる辛いものをぶち込んだ「命がけヒーハーヒーハー鍋」なんてものを作って世の中を困らせていたものだ。真夏の「死に辛モリ蕎麦」などはそのレシピがしぶとく生き残っていて、いまだに作られているのだけれど。

さてフィナーレのその夜の限定一品は「八丈島刺し身曼陀羅《まんだら》」などと名づけたいゴーカ版だった。とにかくいろんな魚の刺し身が並んでいる。絶対言えることは日本ならではの光景で、これに並ぶのはブラジルのシュラスコ（牛の丸焼きいろんなところ食い）ぐらいだろう。

同時に「島寿司」がドカーン！　と出されてきた。この島につたわる歴史ある最高のタハタハ級（うまくて倒れる）の逸品だ。「江戸」の気配をしっかり伝える、うまさのかたまりであり、これが海風のなかで力ずくの存在感を見せている。

シャリは江戸鮨の伝統そのままに小さく、重さにすると二十グラムぐらい。魚はヅケである。ワサビではなくカラシをつかう。口にほうり込むとうまさがすぐにバクハツし、いくらでも食える。その二百貫は隊員の童夢が一人で全部握ったものだった。

今回の連載最終回のために編集のケンタロウが隊員たちに思うところの原稿を募った。

そのなかに初代ドレイである童夢の、この島寿司にささげた手記がドサッとあった。

自身の隊での体験成長記とともに追求されてきた「島寿司」挑戦記が非常に感動的に書かれていた。これをテキストに練習していくと誰でもいつか握れそうな躍動感がある。

隊員らのすさまじく力にみちた貪欲の手が続けざまに伸び、あっという間に「おかわり」という叫び声がきこえてきた。しかし二百貫の寿司はすぐにおかわりとしては出てこないのだった。雨はまだ降っている。

夜中までザコのギターとみんなの歌が続いた。「サヨナラ雑魚釣り隊」の歌だ。妙にやるせない。ザンザカの雨もやむ気配がない。

カズさんが持ってきてくれた高級魚詰め
合わせバケツにシーナ隊長も大喜び

雑魚釣り隊最後の旅を島も悲しんでいるよ
うな荒天だった

八丈島の仲間・トラさんは島特産の野菜を
ドッサリ届けてくれた

岡本部長が釣ったメイチダイ（右）も宍戸が釣ったツムブリもどちらも旨い魚だ

雑魚釣り隊厨房部の手によって魚はあっという間に捌かれていく

連載最後の乾杯も雑魚釣り隊らしく元気よく！

「刺し身曼陀羅」は島唐辛子をつぶした醬油で食うもよし、しゃぶしゃぶで食うもよし。とにかく旨い。童夢が夜通し握りまくった島寿司は合計二百貫を超えた

寿司を握る童夢にタオルを巻いてやる兄の太陽。船の水槽にも落ちた通称「長崎のバカ兄弟」

取材最終日に少しだけ雨があがった隙をついて撮った集合写真。この日のために作ったTシャツは、胸に隊長が描いた焚き火キャンプのイラストと初めて取材を行った日から今回の取材日までの日数「6247」の数字が入っている

本書は『週刊ポスト』二〇一九年二月一日号～二〇二三年一月二十日号に月に一回の「大波連載」として掲載されたもの（新型コロナウイルスの影響で一時休載期間あり）に、加筆修正をしたものです。

**椎名誠（しいなまこと）**

一九四四年、東京生まれ。作家。写真家、映画監督としても活躍。七九年にエッセイ『さらば国分寺書店のオババ』でデビュー。八九年『犬の系譜』で吉川英治文学新人賞、九〇年『アド・バード』で日本SF大賞を受賞。『岳物語』『わしらは怪しい探検隊』シリーズ、『わしらは怪しい雑魚釣り隊』シリーズなど著書多数。

サヨナラどーだ！の雑魚釣り隊

2023年10月4日　初版第1刷発行

著　者　椎名　誠
発行者　三井直也
発行所　株式会社　小学館
〒101-8001
東京都千代田区一ツ橋2-3-1
電話　編集　03-3230-5961
販売　03-5281-3555
印刷所　凸版印刷　株式会社
製本所　株式会社　若林製本工場

造本には十分注意しておりますが、印刷、製本など製造上の不備がございましたら「制作局コールセンター」（フリーダイヤル0120-336-340）にご連絡ください。（電話受付は、土・日・祝休日を除く9:30～17:30）

本書の無断での複写（コピー）、上演、放送等の二次利用、翻案等は、著作権法上の例外を除き禁じられています。

本書の電子データ化等の無断複製は著作権法上での例外を除き禁じられています。代行業者等の第三者による本書の電子的複製も認められておりません。

©Makoto Shiina 2023 Printed in Japan. ISBN978-4-09-380128-7